2025

京セラの
就活ハンドブック

就職活動研究会 編
JOB HUNTING BOOK

は じ め に

　2021年春の採用から，1953年以来続いてきた，経団連（日本経済団体連合会）の加盟企業を中心にした「就活に関するさまざまな規定事項」の規定が，事実上廃止されました。それまで卒業・修了年度に入る直前の3月以降になり，面接などの選考は6月であったものが，学生と企業の双方が活動を本格化させる時期が大幅にはやまることになりました。この動きは2022年春そして2023年春へと続いております。

　また新型コロナウイルス感染者の増加を受け，新卒採用の活動に対してオンラインによる説明会や選考を導入した企業が急速に増加しました。採用環境が大きく変化したことにより，どのような場面でも対応できる柔軟性，また非接触による仕事の増加により，傾聴力というものが新たに求められるようになりました。

　『会社別就職ハンドブックシリーズ』は，いわゆる「就活生向け人気企業ランキング」を中心に，当社が独自にセレクトした上場している一流・優良企業の就活対策本です。面接で聞かれた質問にはじまり，業界の最新情報，さらには上場企業の株主向け公開情報である有価証券報告書の分析など，企業の多角的な判断・研究材料をふんだんに盛り込みました。加えて，地方の優良といわれている企業もラインナップしています。

　思い込みや憧れだけをもってやみくもに受けるのではなく，必要な情報を収集し，冷静に対象企業を分析し，エントリーシート作成やそれに続く面接試験に臨んでいただければと思います。本書が，その一助となれば幸いです。

　この本を手に取られた方が，志望企業の内定を得て，輝かしい社会人生活のスタートを切っていただけるよう，心より祈念いたします。

就職活動研究会

Contents

第1章

京セラの会社概況

会社によって選考方法は千差万別。面接で問われる内容や採用スケジュールもバラバラだ。採用試験ひとつとってみても，その会社の社風が表れていると言っていいだろう。ここでは募集要項や面接内容について過去の事例を収録している。

また，志望する会社を数字の面からも多角的に研究することを心がけたい。

✔ 社是・経営理念

■社是

敬天愛人

常に公明正大　謙虚な心で　仕事にあたり

天を敬い　人を愛し　仕事を愛し

会社を愛し　国を愛する心

■経営理念

全従業員の物心両面の幸福を追求すると同時に，

人類，社会の進歩発展に貢献すること。

■心をベースに経営する。

京セラは，資金も信用も実績もない小さな町工場から出発しました。頼れるものは，なけなしの技術と信じあえる仲間だけでした。会社の発展のために一人ひとりが精一杯努力する，経営者も命をかけてみんなの信頼にこたえる，働く仲間のそのような心を信じ，私利私欲のためではない，社員のみんなが本当にこの会社で働いてよかったと思う，すばらしい会社でありたいと考えてやってきたのが京セラの経営です。

人の心はうつろいやすく変わりやすいものといわれますが，また同時にこれほど強固なものもないのです。その強い心のつながりをベースにしてきた経営，ここに京セラの原点があります。

✔ 会社データ

本社所在地	〒612-8501 京都府京都市伏見区竹田鳥羽殿町6番地
設立	1959年4月1日
資本金	115,703百万円
連結売上高	2,025,332百万円　（2023年3月期）
税引前利益	176,192百万円　（2023年3月期）
グループ会社数	298社　（京セラ（株）を含む）
グループ従業員数	81,209名 （持分法適用子会社、持分法適用関連会社は除く）

2023年3月31日現在

✔ 仕事内容

情報通信市場

変化を続けるグローバル社会において、より便利で快適な通信環境の実現が求められています。京セラは長年にわたり培ってきた通信技術により、用途や目的に合わせたスマートフォンなどの通信端末、IoT（Internet of Things）、さらにはサポートなど、最適な通信環境を提供することで、未来の情報通信社会の実現に貢献していきます。

自動車関連市場

自動運転システムや先進運転支援システム（ADAS）、環境問題への対応など、自動車業界は大きな変革が求められています。京セラは自動車の安全性能向上に加えて、交通インフラなど、安心で安全なモビリティ社会を支える技術・製品を展開しています。

環境・エネルギー市場

「クリーンエネルギーの普及を通じて世のため、人のために貢献する」という想いのもと、これまで約半世紀にわたり太陽電池の開発・供給・保守を続けてきました。蓄電池や関連製品の拡充に加え、電力エネルギーサービス事業も展開。また環境に優しいデジタル捺染用デバイスも提供。これからも地球環境の保護や脱炭素社会の実現に貢献していきます。

医療・ヘルスケア市場

人工関節やデンタルインプラントなど、失った身体機能を回復する医療用製品の展開に加え、日々の健康管理をより便利にする独自デバイスなどの開発を進めています。さらに、健康寿命を延ばす予防医療のトータルソリューションを提供し、人びとの QOL（Quality of Life）向上に貢献していきます。

✔ 先輩社員の声

三河地区
大手自動車部品メーカーでのシェア拡大

【国内営業／ 2013 年入社】

私は機械工具事業本部の中でも，大手ユーザー様を担当する部署に所属しています。大手ユーザー様から受注を頂くためには製品知識だけでなく，提案内容や戦略にも工夫を凝らし，他社との差別化を図ることが最も重要なポイントとなります。

また，大手ユーザー様は生産量の多いラインを抱えていることが多く，一度製品を採用いただくと非常に大きな受注を長期的に頂くことが出来ます。しかしその分お客様の要求レベルは高く，通り一遍の提案内容ではお客様の心に全く響きません。特に私たちがメインで狙っている好調なユーザー様の部品ラインは，常に生産が忙しく，なかなか京セラ製品のテストが進まない為，立ち上げ時点でいかに使用率を上げて頂くかが重要になります。そのためには，お客様との良好な関係を築き，情報を早く正確に掴むことが大切になります。現在お客様が抱えている課題に対してスピード感を持って真剣に取り組み，他社には出来ない優れた提案で解決すること，そしてお客様からの信頼を得ることが私の使命であると思っています。

その中でやりがいを感じるのは，お客様と京セラに貢献できたと実感した時です。私たちは「自社製品を通じてお客様の生産性向上に寄与すること」を事業の目標に営業活動を行っています。自分が提案した製品でお客様の課題が解決し，「ありがとう」と言われた時，また大きなご注文を頂き上司や先輩からお褒めの言葉を頂いた時に，今まで以上に頑張ろうという気持ちになります。

将来的には，新規分野で自社製品を拡販したいと考えています。従来の製品だけでなく，京セラとして新たに力を入れていこうとしている製品を大手ユーザー様に採用いただくことで，今まで以上に売上を大きく伸ばし，京セラの成長に繋げていきたいです。開発や製造等，他の部署とも協力しながら，製販一体となってお客様の課題を解決することで，機械工具事業本部の可能性を広げる一翼を担いたいと考えています。

開発スタートは自分の手から
試行錯誤を繰り返し まだ見ぬ新製品に命を吹き込む

【開発設計／2019年入社】

私の仕事紹介

現在、機械工具形状開発部に所属し、切削工具の試作とさまざまな測定用の専用治具の製作をメインに行っています。世の中に出回っている京セラ製品は一発必中で市場に出るわけではなく、何度も設計や試作を繰り返した結果です。その試作が私の担当業務であり、実製品開発とは異なる特殊な仕事になります。仕事では旋削工具、精密工具、回転工具など各種製品の試作をすべて担っており、幅広い形状と向き合えるのが非常に魅力的。3D CAD や CAM を用いて加工プログラムを作成し、実際に金属を加工して試作品を製作、お客様である開発課に評価を実施してもらうまでのプロセスに携わっています。何より開発中の製品を最初に作ることができる点にやりがいを感じています。

仕事のやりがい

現在担当中の業務で私が感じるやりがいは二つあります。一つは、「開発品を最初に製作できる」ことです。この世にまだない新しい形状のものを実際に作ってみて、誰よりも早く手にすることができるのが楽しいところです。もう一つは、「お客様の笑顔がすぐに見られる」こと。同じフロアでお客様である開発課のメンバーが仕事をしているので、試作したもの、もしくは試作途中のものについてすぐに見てもらったり、意見を聞いたりできます。試作がうまくいっていればその都度喜んでもらえるため、それが励みになってやる気がアップします。

「仕事でやりたいことが見つからない」。皆さんの中にはそんな人もいるでしょうし、私もその一人でした。価値観は十人十色であるため、どこにピントを合わせて就職活動を行ってもよいと思います。私の場合は内容よりも楽しく仕事をすることを優先したので、一緒に働く社員の人柄を重視しました。仕事は入社してから覚えるものですし、実際、会社に入れば学生時代には学んでいなかったことばかりです。気軽に自分を出せるかどうかが絶対に重要ですので、自分がどのようなことに興味があるのかを見つけて、そこを基準に頑張ってください。そして京セラを少しでも魅力的に感じていただいたなら、その時はぜひ希望する1社として検討してみてください。

✔ 募集要項

掲載している情報は過去ものです。
最新の情報は各企業のHP等を確認してください。

募集職種	技術コース	研究、製品開発・設計、製造技術、生産技術（IT／設備）、品質管理・品質保証、ITエンジニア、知的財産、環境管理など
	営業管理コース	国内・海外営業、マーケティング、営業サポート、資材、総務、広報、教育、人事など
	オンリーワンコース	上記全ての職種対象
	職種別採用コース	経理財務、経営管理
	障がい者採用コース	上記全ての職種対象
応募資格		2024年3月4年制大学卒業及び大学院修了見込みの方および既に卒業され入社時30歳以下となる方（職歴の有無は問いません）
採用学科	技術コース	電気・電子系、情報・通信系、機械系、制御系、物理系、化学系、材料系、その他
	営業管理コース	全学部全学科
	オンリーワンコース	全学部全学科
	職種別採用コース	全学部全学科
	障がい者採用コース	全学部全学科
初任給		学部卒 基本給24万6000円（2023年実績） 修士了 基本給27万0000円（2023年実績） 博士了 基本給29万3500円（2023年実績）

諸手当	交代勤務手当、営業所手当、都市勤務者住宅補助手当、職務手当、専門資格手当、在宅勤務手当、超過勤務手当、深夜業手当、宿日直手当、特別勤務手当、海外出張手当、家族支援手当、寒冷地手当、通勤手当、呼出手当　など
昇給	年1回（4月）
賞与	年2回（6月，12月）
福利厚生	社会保険完備（健康・厚生年金・雇用・労災）、従業員持株制度（奨励金支給あり）、住宅融資制度（利子補給あり）、貸付金制度、企業型確定拠出年金制度、産前産後休暇、育児休職制度、介護休職制度、短時間勤務制度、再雇用制度、カムバック・エントリー制度、育児休憩、ベビーシッター利用補助制度、独身寮、転勤者用社宅、契約リゾート施設、各種クラブ活動、退職金制度、社員食堂、慶弔見舞金、出産祝金、休業補償制度、永年勤続表彰制度 など
独身寮	有り／寮費月3000円〜4000円（光熱費・水道料別）
勤務予定地	本社、事業所、営業所、研究所、工場、および海外事業所 ※入社時に直接海外へ配属になる事はありません。
勤務時間	本社/8:45〜17:30　（休憩60分） 工場/8:00〜16:45　（休憩60分） ※事業所，営業所，研究所，工場により異なる（実働7時間45分）
休日・休暇	＜年次有給休暇＞初年度：11日、2年目以降：20日 年間休日127日（2022年実績※年次有給休暇一斉取得日を含む）、週休2日制（但し、休日の設定は年間カレンダーによる）、祝日、GW・夏季・年末年始休暇、年次有給休暇（年休5日連続取得制度、リフレッシュ休暇制度、多目的休暇制度、積立年休制度、半日有給休暇、時間単位年休）、特別休暇 など
受動喫煙防止の取組み	敷地内全面禁煙、禁煙・禁煙継続を促す社内イベントの実施、「禁煙外来」・「遠隔禁煙診療」の補助制度など
教育研修制度	入社時研修、階層別研修、ビジネススキル研修、専門技術研修、海外大学院留学制度、海外短期留学制度、自己啓発支援制度 など

✔ 採用の流れ （出典：東洋経済新報社『就職四季報』）

エントリーの時期	【総・技】3月～6月
採用プロセス	【総】ES提出・適性検査（3月～）→論作文・GD・面接（2～3回，6月～）→内々定（6月～） 【技】ES提出・適性検査（3月～）→面接（2～3回，6月～）→内々定（6月～）

採用実績数					
		大卒男	大卒女	修士男	修士女
	2022年	66 （文：41 理：25)	56 （文：39 理：17)	236 （文：2 理：234)	24 （文：5 理：19)
	2023年	94 （文：44 理：50)	62 （文：51 理：11)	239 （文：1 理：238)	29 （文：6 理：23)
	2024年	114 （文：54 理：60)	58 （文：38 理：20)	264 （文：5 理：259)	38 （文：3 理：35)

採用実績校	【文系】 同志社大学，立命館大学，関西学院大学，神戸大学，関西大学，明治大学，大阪大学，青山学院大学，国際基督教大学，上智大学，中央大学，法政大学　他 【理系】 九州工業大学，関西大学，鹿児島大学，熊本大学，大阪大学，同志社大学，東京理科大学，九州大学，神戸大学，京都大学，山口大学，信州大学　他

✔2023年の重要ニュース （出典：日本経済新聞）

■京セラ、映像が浮き上がるディスプレー　2025年実用化へ（1/27）

　京セラは映像が画面から浮き上がって見えるディスプレーを開発した。凹型の鏡を使った独自構造で、従来製品よりも高精細の映像を映し出せるようにした。非接触でパネルを操作したり商品を見たりするための需要を見込み2025年ごろの実用化を目指す。

　開発したのは「高精細　空中ディスプレイ」。凹型の鏡と光源を内蔵した装置で、正面から見ると映像が画面の15センチメートルほど手前の空中にあるように見える。10インチまでの画面の大きさに対応し、映像は画面から50センチメートルまで飛び出して見えるようにできると説明している。

　新型コロナウイルス禍などの影響で、パネルを直接指で触れずに操作できる空中ディスプレーの活用が徐々に始まっている。ただこれまでは特殊な反射板を使う方式が多く映像の解像度が低くなるという課題があった。京セラはよりはっきりとした映像を映し出せることを強みに、将来は医療機関や小売店の需要の取り込みを目指す。

■京セラ、電動工具を欧米に投入　関連売り上げ4000億円に（2/20）

　京セラは2024年にも欧米で電動工具の販売を始める。18年にアルミ部品のリョービから電動工具事業を買収するなどして国内中心に展開していたが、脱炭素への対応で欧米でチェーンソーなど比較的大型の電動工具の需要が拡大していることに対応する。切削チップなどを合わせた機械工具事業の売り上げを28年度には22年度の6割増の4000億円に伸ばす目標だ。マキタなど国内勢も電動工具に力を入れている。

　京セラはドリルなどの電動工具で10%ほどの国内シェアを持ち、マキタや工機ホールディングスに次ぐ国内3番手グループだ。18年にリョービから国内事業を買収して品ぞろえを広げたが、製品ラインアップ全体の「京セラ」ブランドへの切り替えを終えたことを受けて、海外展開を本格化する。海外の「リョービ」ブランドの電動工具販売権は香港企業が持っているが、京セラブランドへの切り替えで制約がなくなる。

　欧米ではチェーンソーや草刈りなどに使う刈払機など比較的大型の電動工具に力を入れる。エンジン駆動の製品が多い分野だったが、「脱炭素で電動化ニーズが

急速に高まっている」（京セラの長島千里執行役員）ためだ。米国では 19 年に約 900 億円を投じて買収したホームセンター運営のサザンカールソン（ネブラスカ州）を販路として活用する。サザンは米国で 150 店以上のホームセンターを展開している。

　京セラはアジアではタイやインドネシア、フィリピンで 22 年 4 月から試験的に販売を始めた。米国では 23 年度中にも販売を始める予定で、欧州では 24 年度をメドに販売を本格化する考えだ。

■京セラと九電工が新会社、太陽電池と売電セットで提供（6/28）

　京セラと九電工は 28 日、太陽電池の設置と売電を組み合わせたサービスを手がける新会社を設立したと発表した。企業の駐車場などに太陽電池を設置し、発電した電力をその企業に販売する仕組み。設置費用などの負担を抑えながら再生可能エネルギーを活用したい企業の需要を取り込む。7 月にサービスを始める。

　新会社は京セラグリーンイノベーション合同会社（京都市）。京セラが 51％、九電工が 49％ を出資した。京セラの太陽電池を活用し、九電工の施工やメンテナンスの知見を生かす。

　サービスでは、まず屋根の部分に太陽電池を組み込んだカーポートを利用企業の駐車場に施工する。施工費用は京セラグリーンイノベーションが負担する。利用企業は初期費用なしで太陽電池を導入できる。施工後は、発電した電力を利用企業が購入する。

　これまで太陽光発電を導入したい企業にとって、パネルの設置場所確保や初期費用が導入の壁になっていた。新サービスでは露天の駐車場を有効活用でき、初期費用なしで太陽電池の電力を利用できる点を訴える。工場などでの活用を想定する。

✔2022年の重要ニュース (出典：日本経済新聞)

■京セラ、4～12月純利益87%増　半導体製造装置向け好調（1/31）

　京セラが31日に発表した2021年4～12月期の連結決算（国際会計基準）は、純利益が前年同期比87%増の1198億円だった。半導体製造装置用のファインセラミック部品や高速通信規格「5G」市場向けの電子部品などの需要が拡大した。

　売上高は23%増の1兆3556億円で過去最高となった。半導体パッケージや有機基板に加え、小型高容量コンデンサーや水晶部品などの高付加価値製品も好調だった。オンラインで記者会見した谷本秀夫社長は「足元ではセラミック部品などは受注が引き続き強い」と語った。

　前年同期に計上したスマートエナジー事業の減損損失約115億円の影響がなくなったことも寄与し、営業利益は2.8倍の1184億円だった。

　もっとも、半導体不足の影響は長期化している。携帯電話やコピー機、車載用カメラなどに使う半導体の調達に影響が出ているという。

　谷本社長は「半導体不足は日増しに悪化しており、綱渡り状態だ」と説明。「最先端の半導体はメーカー各社が投資を進めており来期は改善傾向になるものの、古い世代の半導体は急回復が難しい」との見通しを示した。

　売上高1兆7500億円、純利益1390億円を見込む22年3月期通期の業績予想は据え置いた。谷本社長は「新型コロナウイルスの感染再拡大による工場停止などのリスクが残っている」と述べた。

■京セラ創業者の稲盛和夫名誉会長が死去　90歳（8/30）

　京セラの創業者で名誉会長の稲盛和夫（いなもり・かずお）氏が24日午前8時25分、老衰のため京都市内の自宅で死去した。90歳だった。連絡先は同社総務部。葬儀は近親者で行った。お別れの会を行うが、日取りなどは未定。

　鹿児島市出身。鹿児島大学工学部卒業後、会社員を経て1959年に京都セラミック（現京セラ）を設立、66年に社長に就任した。小集団単位で厳格に収益管理する「アメーバ経営」と、積極的なM&A（合併・買収）を原動力に、京セラを電子部品から携帯電話端末、太陽電池、事務機器まで手がける世界企業に育て上げた。

　通信自由化をにらみ、84年に第二電電を設立して通信市場に参入。KDDなどとの合併を経て現在のKDDIを誕生させた。2005年に京セラの取締役を退任し、経営の第一線から退いた。その後、経営塾「盛和塾」と、文化や技術の発展に貢

献した人を顕彰する「稲盛財団」の活動に軸足を移した。

「日本をよくするには政権交代が可能な国にすることが必要」との思いで野党時代から民主党を支援。民主党が与党となった09年に行政刷新会議の議員に就任、10年からは日本航空の会長を務め、再建に奔走した。

経営破綻した日航の再建では会長に就いてアメーバ経営を導入。コスト管理の徹底などで業績を回復させ、再上場にこぎ着けた。内閣特別顧問も務めた。

著書は「アメーバ経営」「人を生かす」など多数。1984年紫綬褒章、97年に得度。2001年3月、日本経済新聞に『私の履歴書』を執筆した。

■京セラ、身体能力支援システム開発　アバターなど3種類（11/4）

京セラはIT（情報技術）を活用して身体能力や五感を支援する「人間拡張」に関連するシステムを開発したと発表した。センサーを付けて歩いている人の姿勢を正すシステムやリモートワークを支援するアバターなど3種類。通信や人工知能（AI）などの独自技術を生かし、外部企業などと組んで実用化を目指す。

歩行センシング＆コーチングシステムでは、手首や足首に装着したセンサーから歩き方のフォームを分析する。イヤホンから「体を引き上げて」などとアドバイスしてもらい、きれいな姿勢を作りやすくなる。歩行姿勢をアニメーションで確認できる。体形や印象に関するデータを持つワコールと共同研究した。

リモートワークを支援するアバターは、カメラとスピーカーのついたこけし型の装置をオフィスなどに設置する。リモート勤務する人が自宅のパソコンなどから操作して、本人の代わりに職場にいるかのように会話ができる。360度カメラで周辺の状況が分かるほか、利用者の動きに応じてうなずくなどの動作ができる。円滑なコミュニケーションにつながるという。

聴覚を補う機器も開発した。ヘッドホンのような装置で周囲の音を録音し、重要なアナウンスなどをAIで抽出して、聞き直せる仕組み。職場だけでなく、駅などの雑踏で重要なやりとりを聞き逃したといった場面での利用を想定する。

人間拡張技術は高速通信規格の「5G」の普及などで注目が集まっている。インドの調査会社、マーケッツアンドマーケッツによると関連市場は2026年に3400億ドル（約50兆円）と21年比約3倍に拡大する。京セラは通信やセンサー技術を生かして関連市場を取り込む。

✔2021年の重要ニュース (出典:日本経済新聞)

■京セラ、5G対応の高耐久スマホ　マルチカメラを搭載（3/16）

　京セラは16日、高速通信規格「5G」に対応した高耐久スマートフォンを、au向けに26日に発売すると発表した。同社が日本国内で5G対応端末を発売するのは初。米国防総省の調達基準を満たした落下試験などをクリアしているほか、泡ハンドソープによる丸洗いなどにも対応。本体の表裏両面のカメラで同時撮影できる「マルチカメラ」も搭載し、登山や海水浴などのアウトドアでの使い勝手を向上した。

　発売するのは京セラが高耐久スマホシリーズとして展開している「TORQUE（トルク）」の新型「TORQUE 5G」。マルチカメラを搭載したことで、例えばスノーボードで滑走する際に流れる風景と滑走者の表情の双方を同時に撮影でき「臨場感あふれる撮影ができる」という。

　従来のトルクシリーズ同様に、高い耐落下性能や防水防じん性能を持たせている。新たにサンドペーパーを敷いた鉄板上に高さ約2㍍から落下させる試験を実施。同シリーズでは最大となる5.5インチの液晶ディスプレーを採用しながらも、割れにくさを追求した。

　同日、記者発表会に出席した厳島圭司取締役は「（5G対応で）後発となったのは否めないが、5Gで何ができるのかを社内で議論してきた」と語った。今後、5G通信網が拡大すれば、マルチカメラで撮影したアウトドアの動画を遠隔で瞬時に共有するなど使い道が広がる可能性がある。

■京セラ、画像AI使った無人レジ開発　23年にも製品化（6/10）

　京セラは10日、独自の画像認識人工知能（AI）を使った無人レジを開発したと発表した。2023年にも製品化する。1台のカメラで複数の商品を瞬時に認識する。複数のカメラを店舗に配置したり、無線自動識別タグを使ったりする従来の方式に比べて導入や運用のコストを抑えられる。

　画像認識技術は京セラの自動運転用のカメラやAIをもとに、無人レジ向けに開発した。従来の無人レジは複数のカメラで商品を認識しているが、京セラのシステムはレジにカメラを1台設置するだけで導入できる。重なり合って置かれた商品でも6割程度がカメラに見えていれば認識可能という。野菜など商品ごとに形状が異なる生鮮食品も認識が可能だ。

AIの学習効率も高めた。従来の技術では新商品を追加する場合、既存商品も含めた全商品の画像情報をAIに学習させなければならない。京セラのAIは新商品だけを追加で学習すれば済む。100種類の既存商品に10種類の新商品を追加するのに、既存のAIは4日間かかるが、同社のAIでは15分程度で終わる。既存商品の種類が多いほど学習時間の低減効果が高まる。

導入にはカメラのほか、パソコンやディスプレーが必要。詳細な価格などは未定だが、既存の無人レジに比べて導入する設備を減らせるため、小規模店舗や社員食堂などで導入しやすくなる。

■透明パネルで会話が字幕に　CEATEC2021（10/19）

国内最大規模のIT（情報技術）の総合展示会「CEATEC（シーテック）」では、新型コロナウイルスの感染予防に向けた「非接触」の技術の展示が目立つ。京セラは会話の音声を認識して透明スクリーンに文字を映し出すシステムを出展している。工場やオフィスの人の密集度合いを計測する技術など、「ウィズコロナ」時代を支えるテクノロジーが相次ぐ。

京セラのシステムは音声をリアルタイムで認識して、字幕として表示できる。透明のスクリーンを既存の透明のアクリル板などに貼り付ける仕組みで、会話に合わせてイラストを自動的に表示することもできる。単語を事前に登録すると、その単語を自動的に目立たせる機能も搭載した。

新型コロナの感染防止策としてアクリル板を設置する場面が増えているが、声が聞きづらかったり、口元が見えにくかったりなど対話がしにくいという課題があった。京セラは文字や絵を交えることで、コミュニケーションに厚みを持たせられるとみる。

11月から1カ月間、横浜市中区役所の窓口で実証実験をする予定で、行政自治体や病院、空港、郵便局、ホテルの窓口業務などの需要を開拓する。

新型コロナウイルスの感染対策で、タッチパネルなどを触らずに操作する「非接触」のニーズも高まっている。

シャープは画面に直接触れることなく操作できるタッチパネル「静電ホバータッチディスプレイ」を展示する。15インチから55インチまで幅広いサイズに対応できる。

商業施設の案内モニターや飲食店の注文用の端末など不特定多数の人が行き交う場所での活用を想定する。従来の非接触パネルに比べて、表面にかける電流を増やすことで、画面から5センチメートル離れた指を検知できるようにした。2022年春の商品化を目指す。

✔ 就活生情報

面接に何度落ちても，挑戦した自分をほめることで，自己肯定感を身に着けましょう

研究開発職 2020卒

エントリーシート
・形式：採用ホームページから記入
・内容：大学院での研究内容の説明／大学を通じて得たもの／自己アピールなど

セミナー
・選考とは無関係
・服装：全くの普段着
・内容：一般的な会社説明会（大学OBが来て教授の話を交えながら）

筆記試験
・形式：Webテスト
・科目：SPI（数学，算数／国語，漢字）

面接（個人・集団）
・雰囲気：和やか
・回数：2回
・質問内容：自己PR／Webに載せた自己紹介カードの深堀り。特別なことはなし

▶ その他受験者からのアドバイス
・技術面接の場所で内定をもらえる

京セラは多角化により，様々なプロダクトがあるので，その中でも，自分が本当に好きな分野の仕事を見つけてください

技術職 2020卒

エントリーシート

・内容：志望動機，自分の学んできたことがどのように仕事に活かせるか，学生時代に頑張ったこと，ホームページに載っている社員のメッセージを読んでの感想。これらの内容を初めのエントリーシートで記入。エントリーシート通過後，研究内容などを記入するページがマイページ上に現れる

セミナー

・セミナーはなかった

筆記試験

・科目：数学，算数／国語，漢字
・内容：一次面接後3,4日以内にSPIを受けるよう求められた。他社の選考で使った結果を送信しても構わないとのことだった

面接（個人・集団）

・質問内容：基本的にエントリーシートの内容と同じ。初めに自己PRを含めた自己紹介を2,3分行う。その後自己PRから深堀りされ，その次には長所短所，それらのエピソード等を聞かれ最後に志望度を聞かれる。基本的な質問ばかりで困るようなことは聞かれない

内定

・拘束や指示：最終面接前に推薦書の提出
・通知方法：電話

▶ その他受験者からのアドバイス

・まず，早めにエントリーシートを作成しておくこと，そして学校のキャリアセンターで添削してもらうことをおすすめする。また，エントリーした企業についてはしっかり研究を重ね，面接対策を早めにする方がよい。インターン参加やTOEICなどはなくてもいいが，あったほうが絶対に有利

なぜ京セラなのかについては，面接段階から繰り返し問われました

技術職 2020卒

エントリーシート

・形式：採用ホームページから記入
・内容：学生時代に力を入れたことについて，あなたにとって1番の試練・挫折と，それをどのように乗り越えたかを具体的に，あなたと京セラの考え方の共通点を，上記経験を踏まえて具体的

セミナー

・選考と関係のあるものだった
・服装：リクルートスーツ
・内容：事業紹介，座談会（ここで質問すると加点）

筆記試験

・科目：SPI（数学，算数／国語，漢字）

面接（個人・集団）

・質問内容：エントリーシートに基づいて，学生時代に力を入れたこと，自己PR，志望動機を聞かれた。突飛な質問はされないが，学業に関する質問の割合が多い

内定

・通知方法：電話

● その他受験者からのアドバイス

・アメーバ経営について理解して選考に臨むと高評価

技術採用 2019卒

エントリーシート
・形式：採用ホームページから記入

セミナー
・選考とは無関係

筆記試験
・形式：Webテスト
・科目：SPI（数学，算数／国語，漢字／性格テスト）

面接（個人・集団）
・回数：3回
・質問内容：一次面接は，志望動機，学生時代に頑張ったこと，他社状況，勤務地等の希望調査等，二次マッチング面接は，自己PR，研究内容，会社の中でしたいこと，最終面接は入社意志の確認のみ

内定
・通知方法：電話

業界研究や企業研究は早ければ早いほどいいので，就活正式解禁前からしっかりやっておきましょう

技術職 2018卒

エントリーシート

・形式：採用ホームページから記入

セミナー

・選考とは無関係
・服装：リクルートスーツ
・内容：事業所別説明会。事業所によってはあまり参考にならないところもあった

筆記試験

・形式：Webテスト
・科目：SPI（数学，算数／国語，漢字）

面接（個人・集団）

・雰囲気：普通
・回数：2回
・質問内容：自己PR，志望理由，人柄に関する深堀，研究内容発表，研究に関する質問

内定

・通知方法：電話

感情を込めて話せない人は，論理的に自分の考えを整理して話せるようにしておきましょう

営業管理 2018卒

エントリーシート

・形式：採用ホームページから記入
・内容：志望動機，学生時代頑張ったこと，挫折経験，京セラと自身の考えの共通点，資料を読んで考えを述べる

セミナー

・選考とは無関係
・服装：リクルートスーツ
・内容：学内説明会と二度の事業説明会，先輩に話を伺う形式と，各事業部の説明

筆記試験

・形式：Webテスト／その他
・科目：数学，算数／国語，漢字／性格テスト
・内容：テストセンター，web適性検査

面接（個人・集団）

・雰囲気：和やか
・回数：2回
・質問内容：志望動機，学生時代頑張ったこと，esの深掘り，考え方や周りからどう思われてるか，フィロソフィーに共感している点など

内定

・拘束や指示：特になし
・通知方法：電話
・タイミング：予定より早い

▶ その他受験者からのアドバイス

・よかった点は，リクルーターの方と接触できると，早期選考のチャンスを掴める点。連絡が早い点
・よくなかった点は，ステップが多すぎる。3度の説明会への参加が必要

準備力に尽きると思います。しっかり準備をすることで，面接時の自信にも繋がるので，それも含め準備力を最も大切してください

総合職技術系（推薦）2017卒

エントリーシート
・形式：指定の用紙に手で記入
・内容：履歴書，長所・短所，研究概要，希望プロダクトとその理由など

セミナー
・記載無し

筆記試験
・形式：Webテスト
・科目：SPI（数学，算数／国語，漢字／性格テスト）

面接（個人・集団）
・雰囲気：和やか
・回数：2回
・質問内容：自己紹介，自己PR，自身の研究説明

内定
・通知方法：電話
・タイミング：予定より早い

● その他受験者からのアドバイス
・推薦の場合，一発勝負なので全力で臨める

自分が働くことになる会社なので，周りの評価よりも，自分が目で見たこと，感じたことを大切にしてください

経理財務 2017卒

エントリーシート

・形式：履歴書のみ
・内容：企業選定の軸，学生時代頑張ったこと，困難なことを乗り越えた経験，京セラフィロソフィーに共感したことなど

セミナー

・筆記や面接などが同時に実施される
・服装：リクルートスーツ
・内容：経理財務の仕事内容紹介とグループワーク。グループワークは，店頭販売の際に，不正が起きないようにどうすればいいかなど

筆記試験

・形式：Webテスト
・科目：SPI（数学，算数／国語，漢字／性格テスト）

面接（個人・集団）

・雰囲気：普通
・回数：3回
・質問内容：自己紹介，自己アピール，志望動機，アメーバ経営についてどう思うか，京セラフィロソフィーのどこに共感したかなど

内定

・通知方法：電話

● その他受験者からのアドバイス

・連絡が早かった

説明会ではHPには，載っていない内容も聞くことができます。それをもとに面接で逆質問をすると，印象が良くなります

一般職 2016卒

エントリーシート

・形式：ダウンロードして，プリントアウトして手書きで記入
・内容：「京セラの考えに最も共感する点とその理由」「過去の自分に対してアドバイスするとしたら」「これまでに特に力を注いできたこと，またそれから学んだことや成果」「最近関心のあるもの」など

セミナー

・選考とは無関係
・服装：リクルートスーツ

筆記試験

・形式：マークシート。
・科目：作文，数学，国語，論作文，性格テスト，事務処理テストなど

面接（個人・集団）

・回数：2回
・質問内容：「学生時代のクラブ活動について」「友達からどう思われているか」「入社後，どんな仕事がしたいか」など

内定

・拘束や指示：入社の約束を条件に内々定をもらった
・通知方法：電話

就職活動中は常にノートを持ち歩き，面接の受け答えや自己分析など，思いついたことを全て書き込むようにするといいと思います

技術系（通信機器部門） 2012卒

エントリーシート

・形式：採用ホームページから記入
・内容：志望理由，あなたと会社の考え方の共通点を，今までの経験を踏まえて具体的に，学生時代の最も力を入れたことについて具体的に

セミナー

・選考とは無関係
・服装：リクルートスーツ
・内容：企業説明と社員との対談だった

筆記試験

・形式：マークシートとWebテスト
・科目：数学，算数／国語，漢字／性格テスト

面接（個人・集団）

・回数：2回
・質問内容：一次は3：3の集団面接で，志望動機，入社してやりたいこと，研究についてなど。最終は1：3の個人面接で，あらかじめ提出した自己紹介（A4サイズ1枚分）と，研究内容（A4サイズ3枚分）についての質問など。一般的な質問が多かった

内定

・拘束や指示：5日以内に入社の意思表明をするよう指示された
・通知方法：電話

● その他受験者からのアドバイス

・業界を問わず社員の方と話せるイベントに参加することをお勧めします。そこで影響を受けたことで，後悔しない就活ができました
・自分が何をしたいのか目標を大きく立てて，そこから自分が何をすべきなのかを考えていくといいと思います

✔ 有価証券報告書の読み方

01 部分的に読み解くことからスタートしよう

「有価証券報告書（以下，有報）」という名前を聞いたことがある人も少なくはないだろう。しかし，実際に中身を見たことがある人は決して多くはないのではないだろうか。有報とは上場企業が年に1度作成する，企業内容に関する開示資料のことをいう。開示項目には決算情報や事業内容について，従業員の状況等について記載されており，誰でも自由に見ることができる。

　一般的に有報は，証券会社や銀行の職員，または投資家などがこれを読み込み，その後の戦略を立てるのに活用しているイメージだろう。その認識は間違いではないが，だからといって就活に役に立たないというわけではない。就活を有利に進める上で，お得な情報がふんだんに含まれているのだ。ではどの部分が役に立つのか，実際に解説していく。

■有価証券報告書の開示内容

では実際に，有報の開示内容を見てみよう。

有価証券報告書の開示内容
第一部【企業情報】
第1　【企業の概況】
第2　【事業の状況】
第3　【設備の状況】
第4　【提出会社の状況】
第5　【経理の状況】
第6　【提出会社の株式事務の概要】
第7　【提出会社の状参考情報】
第二部【提出会社の保証会社等の情報】
第1　【保証会社情報】
第2　【保証会社以外の会社の情報】
第3　【指数等の情報】

有報は記載項目が統一されているため，どの会社に関しても同じ内容で書かれている。このうち就活において必要な情報が記載されているのは，第一部の第1【企業の概況】〜第5【経理の状況】まで，それ以降は無視してしまってかまわない。

02 企業の概況の注目ポイント

第1【企業の概況】には役立つ情報が満載。そんな中，最初に注目したいのは，冒頭に記載されている【主要な経営指標等の推移】の表だ。

回次		第25期	第26期	第27期	第28期	第29期
決算年月		平成24年3月	平成25年3月	平成26年3月	平成27年3月	平成28年3月
営業収益	（百万円）	2,532,173	2,671,822	2,702,916	2,756,165	2,867,199
経常利益	（百万円）	272,182	317,487	332,518	361,977	428,902
親会社株主に帰属する当期純利益	（百万円）	108,737	175,384	199,939	180,397	245,309
包括利益	（百万円）	109,304	197,739	214,632	229,292	217,419
純資産額	（百万円）	1,890,633	2,048,192	2,199,357	2,304,976	2,462,537
総資産額	（百万円）	7,060,409	7,223,204	7,428,303	7,605,690	7,789,762
1株当たり純資産額	（円）	4,738.51	5,135.76	5,529.40	5,818.19	6,232.40
1株当たり当期純利益	（円）	274.89	443.70	506.77	458.95	625.82
潜在株式調整後1株当たり当期純利益	（円）	—	—	—	—	—
自己資本比率	（％）	26.5	28.1	29.4	30.1	31.4
自己資本利益率	（％）	5.9	9.0	9.5	8.1	10.4
株価収益率	（倍）	19.0	17.4	15.0	21.0	15.5
営業活動によるキャッシュ・フロー	（百万円）	558,650	588,529	562,763	622,762	673,109
投資活動によるキャッシュ・フロー	（百万円）	△370,684	△465,951	△474,697	△476,844	△499,575
財務活動によるキャッシュ・フロー	（百万円）	△152,428	△101,151	△91,367	△86,636	△110,265
現金及び現金同等物の期末残高	（百万円）	167,525	189,262	186,057	245,170	307,809
従業員数[ほか，臨時従業員数]	（人）	71,729 [27,746]	73,017 [27,312]	73,551 [27,736]	73,329 [27,313]	73,053 [26,147]

見慣れない単語が続くが，そう難しく考える必要はない。特に注意してほしいのが，**営業収益**，**経常利益**の二つ。営業収益とはいわゆる**総売上額**のことであり，これが企業の本業を指す。その営業収益から営業費用（営業費（販売費＋一般管理費）＋売上原価）を差し引いたものが**営業利益**となる。会社の業種はなんであれ，モノを顧客に販売した合計値が営業収益であり，その営業収益から人件費や家賃，広告宣伝費などを差し引いたものが営業利益と覚えておこう。対して経常利益は営業利益から本業以外の損益を差し引いたもの。いわゆる金利による収益や不動産収入などがこれにあたり，本業以外でその会社がどの程度の力をもっているかはかる絶好の指標となる。

■会社のアウトラインを知れる情報が続く。

　この主要な経営指標の推移の表につづいて，「会社の沿革」，「事業の内容」，「関係会社の状況」「従業員の状況」などが記載されている。自分が試験を受ける企業のことを，より深く知っておくにこしたことはない。会社がどのように発展してきたのか，主としている事業はどのようなものがあるのか，従業員数や平均年齢はどれくらいなのか，志望動機などを作成する際に役立ててほしい。

03 事業の状況の注目ポイント

　第2となる【事業の状況】において，最重要となるのは**業績等の概要**といえる。ここでは1年間における収益の増減の理由が文章で記載されている。「○○という商品が好調に推移したため，売上高は△△になりました」といった情報が，比較的易しい文章で書かれている。もちろん，損失が出た場合に関しても包み隠さず記載してあるので，その会社の1年間の動向を知るための格好の資料となる。

　また，業績については各事業ごとに細かく別れて記載してある。例えば鉄道会社ならば，①運輸業，②駅スペース活用事業，③ショッピング・オフィス事業，④その他といった具合だ。**どのサービス・商品がどの程度の売上を出したのか**，会社の持つ展望として，今後**どの事業をより活性化**していくつもりなのか，などを意識しながら読み進めるとよいだろう。

■「対処すべき課題」と「事業等のリスク」

　業績等の概要と同様に重要となるのが，「**対処すべき課題**」と「**事業等のリスク**」の2項目といえる。ここで読み解きたいのは，その会社の**今後の伸びしろ**について。いま，会社はどのような状況にあって，どのような課題を抱えているのか。また，その課題に対して取られている対策の具体的な内容などから経営方針などを読み解くことができる。リスクに関しては法改正や安全面，他の企業の参入状況など，会社にとって決してプラスとは言えない情報もつつみ隠さず記載してある。客観的にその会社を再評価する意味でも，ぜひ目を通していただきたい。

　次代を担う就活生にとって，ここの情報はアピールポイントとして組み立てやすい。「新事業の○○の発展に際して……」，「御社が抱える●●というリスクに対して……」などという発言を面接時にできれば，面接官の心証も変わってくるはずだ。

　最後に注目したいのが，第5【経理の状況】だ。ここでは，簡単にいえば【主要な経営指標等の推移】の表をより細分化した表が多く記載されている。ここの情報をすべて理解するのは，簿記の知識がないと難しい。しかし，そういった知識があまりなくても，読み解ける情報は数多くある。例えば**損益計算書**などがそれに当たる。

連結損益計算書

(単位：百万円)

	前連結会計年度 (自 平成26年4月1日 至 平成27年3月31日)	当連結会計年度 (自 平成27年4月1日 至 平成28年3月31日)
営業収益	2,756,165	2,867,199
営業費		
運輸業等営業費及び売上原価	1,806,181	1,841,025
販売費及び一般管理費	※1 522,462	※1 538,352
営業費合計	2,328,643	2,379,378
営業利益	427,521	487,821
営業外収益		
受取利息	152	214
受取配当金	3,602	3,703
物品売却益	1,438	998
受取保険金及び配当金	8,203	10,067
持分法による投資利益	3,134	2,565
雑収入	4,326	4,067
営業外収益合計	20,858	21,616
営業外費用		
支払利息	81,961	76,332
物品売却損	350	294
雑支出	4,090	3,908
営業外費用合計	86,403	80,535
経常利益	361,977	428,902
特別利益		
固定資産売却益	※4 1,211	※4 838
工事負担金等受入額	※5 59,205	※5 24,487
投資有価証券売却益	1,269	4,473
その他	5,016	6,921
特別利益合計	66,703	36,721
特別損失		
固定資産売却損	※6 2,088	※6 1,102
固定資産除却損	※7 3,957	※7 5,105
工事負担金等圧縮額	※8 54,253	※8 18,346
減損損失	※9 12,738	※9 12,297
耐震補強重点対策関連費用	8,906	10,288
災害損失引当金繰入額	1,306	25,085
その他	30,128	8,537
特別損失合計	113,379	80,763
税金等調整前当期純利益	315,300	384,860
法人税，住民税及び事業税	107,540	128,972
法人税等調整額	26,202	9,326
法人税等合計	133,742	138,298
当期純利益	181,558	246,561
非支配株主に帰属する当期純利益	1,160	1,251
親会社株主に帰属する当期純利益	180,397	245,309

　主要な経営指標等の推移で記載されていた**経常利益**の算出する上で必要な営業外収益などについて，詳細に記載されているので，一度目を通しておこう。

　いよいよ次ページからは実際の有報が記載されている。ここで得た情報をもとに有報を確実に読み解き，就職活動を有利に進めよう。

※抜粋

企業の概況

1 主要な経営指標等の推移

（1） 連結経営指標等 ···

回 次		第65期	第66期	第67期	第68期	第69期
決算年月		2019年3月	2020年3月	2021年3月	2022年3月	2023年3月
売上高	（百万円）	1,623,710	1,599,053	1,526,897	1,838,938	2,025,332
税引前利益	（百万円）	140,610	148,826	117,559	198,947	176,192
親会社の所有者に帰属する 当期利益	（百万円）	103,210	107,721	90,214	148,414	127,988
親会社の所有者に帰属する 当期包括利益	（百万円）	21,514	262,750	210,784	365,805	223,978
親会社の所有者に帰属する 持分	（百万円）	2,265,919	2,432,134	2,591,415	2,871,554	3,023,777
資産合計	（百万円）	2,968,475	3,250,175	3,493,470	3,917,265	4,093,928
1株当たり親会社の所有者に 帰属する持分	（円）	6,263.71	6,710.59	7,149.91	8,000.97	8,424.82
基本的1株当たり親会社の 所有者に帰属する当期利益	（円）	284.94	297.36	248.91	411.15	356.60
希薄化後1株当たり親会社の 所有者に帰属する当期利益	（円）	284.70	—	—	—	—
親会社の所有者に帰属する 持分比率	（％）	76.3	74.8	74.2	73.3	73.9
親会社の所有者に帰属する 持分当期利益率	（％）	4.5	4.6	3.6	5.4	4.3
株価収益率	（倍）	22.81	21.55	28.22	16.74	19.32
営業活動による キャッシュ・フロー	（百万円）	220,025	214,630	220,821	201,957	179,212
投資活動による キャッシュ・フロー	（百万円）	△47,121	△145,551	△183,792	△79,457	△168,833
財務活動による キャッシュ・フロー	（百万円）	△89,056	△157,126	△80,968	△111,473	△61,257
現金及び現金同等物の 期末残高	（百万円）	512,814	419,620	386,727	414,129	373,500
従業員数	（人）	76,863	75,505	78,490	83,001	81,209

（注） 1 当社（以下，原則として連結子会社を含む）は，国際会計基準（以下「IFRS」）に基づき連結財務諸表を作成し，金額の表示は百万円未満を四捨五入して記載しています。

2 第66期以降の希薄化後1株当たり親会社の所有者に帰属する当期利益については，潜在株式が存在しないため記載していません。

ⓟⓞⓘⓝⓣ **主要な経営指標等の推移**

数年分の経営指標の推移がコンパクトにまとめられている。見るべき箇所は連結の売上，利益，株主資本比率の3つ。売上と利益は順調に右肩上がりに伸びているか，逆に利益で赤字が続いていたりしないかをチェックする。株主資本比率が高いとリーマンショックなど景気が悪化したときなどでも経営が傾かないという安心感がある。

(2) 提出会社の経営指標等 ・・・

回 次		第65期	第66期	第67期	第68期	第69期
決算年月		2019年3月	2020年3月	2021年3月	2022年3月	2023年3月
売上高	(百万円)	736,263	730,388	708,177	848,253	856,866
経常利益	(百万円)	119,978	98,356	103,245	147,160	136,878
当期純利益	(百万円)	55,129	88,466	93,269	132,442	113,321
資本金	(百万円)	115,703	115,703	115,703	115,703	115,703
発行済株式総数	(株)	377,618,580	377,618,580	377,618,580	377,618,580	377,618,580
純資産額	(百万円)	1,805,568	2,015,786	2,124,257	2,309,953	2,379,161
総資産額	(百万円)	2,181,058	2,520,096	2,685,137	2,998,363	3,080,630
1株当たり純資産額	(円)	4,991.15	5,561.83	5,860.98	6,436.19	6,628.80
1株当たり配当額 （うち1株当たり中間配当額）	(円) (円)	140.00 (60.00)	160.00 (80.00)	140.00 (60.00)	180.00 (90.00)	200.00 (100.00)
1株当たり当期純利益	(円)	152.20	244.20	257.34	366.91	315.73
潜在株式調整後 1株当たり当期純利益	(円)	—	—	—	—	—
自己資本比率	(%)	82.8	80.0	79.1	77.0	77.2
自己資本利益率	(%)	3.0	4.6	4.5	6.0	4.8
株価収益率	(倍)	42.71	26.24	27.30	18.76	21.82
配当性向	(%)	92.0	65.5	54.4	49.1	63.3
従業員数	(人)	19,268	19,352	19,865	20,560	21,010
［外、臨時雇用者数］	(人)	[4,687]	[4,854]	[4,984]	[5,050]	[5,120]
株主総利回り	(%)	110.6	111.7	124.3	125.0	128.4
（比較指標：配当込みTOPIX）	(%)	(95.0)	(85.9)	(122.1)	(124.6)	(131.8)
最高株価	(円)	7,042	7,764	7,610	7,408	8,211
最低株価	(円)	5,127	5,320	5,456	6,055	6,355

(注) 1 財務諸表の金額の表示は，百万円未満を四捨五入して記載しています。

2 第65期の1株当たり配当額には，創立60周年記念配当20円を含んでいます。

3 潜在株式調整後1株当たり当期純利益については，潜在株式が存在しないため記載していません。

4 最高・最低株価は，2022年4月3日以前は東京証券取引所市場第一部における株価を，2022年4月4日以降は東京証券取引所プライム市場における株価を記載しています。

5 「収益認識に関する会計基準」（企業会計基準第29号　2020年3月31日）等を第68期の期首から適用しており，第68期以降に係る主要な経営指標等については，当該会計基準等を適用した後の指標等となっています。

(point) 過去20年間黒字経営を維持

過去20年間で金融危機などの異常事態を除けば，常に10％程度の営業利益率を確保しながら継続して売上を伸ばしてきた。また金融危機直後も含めて一度も赤字を計上していないことも京セラの特徴だろう。数多くの買収を実施し，安定した収益を確保できる秘訣は，まさに稲盛流の経営手法が各事業に根付いているからだろう。

当社は，1959年4月1日に京都セラミック（株）として設立されましたが，株式の額面を500円から50円に変更するために，1946年11月6日設立の（株）四国食菌科学研究所（1970年5月12日に京都セラミック（株）へ商号変更）を形式上の存続会社とし，1970年10月1日を合併期日として吸収合併を行いました。

従って，この合併以前については，被合併会社である京都セラミック（株）の沿革について記述しています。

年　月	概　要
1959年4月	・資本金3百万円をもって京都市中京区西ノ京原町101番地に本社及び工場を設立 ・ファインセラミックスの専門メーカー「京都セラミック（株）」として発足
1960年4月	・東京出張所開設
1963年5月	・滋賀蒲生工場を建設
1969年7月	・鹿児島川内工場を建設 ・米国に販売会社としてKyocera International, Inc.を設立
1969年10月	・国内販売会社として京セラ商事（株）を設立
1970年10月	・京都セラミック（株）に京都セラミック（株）と京セラ商事（株）を吸収合併
1971年1月	・ドイツに販売会社としてKyocera Fineceramics GmbH（現　Kyocera Europe GmbH）を設立
1971年10月	・大阪証券取引所市場第二部（1974年2月に第一部に指定）に株式を上場
1972年9月	・東京証券取引所市場第二部（1974年2月に第一部に指定，2022年4月にプライム市場に移行）に株式を上場
1972年10月	・鹿児島国分工場を建設
1976年2月	・米国で米国預託証券を発行
1979年10月	・鹿児島国分工場敷地内に総合研究所（現　ものづくり研究所）を建設
1980年5月	・ニューヨーク証券取引所に株式を上場（2018年6月に上場廃止），米国で2回目の米国預託証券を発行
1982年10月	・サイバネット工業（株），（株）クレサンベール，日本キャスト(株)，（株）ニューメディカルの4社を吸収合併し，同時に京セラ（株）へ社名変更
1984年6月	・第二電電企画（株）（現　KDDI（株））を設立
1989年8月	・コネクタ事業を行う（株）エルコインターナショナルを連結子会社化（後に京セラコネクタプロダクツ（株）へ社名変更，2017年4月に京セラ（株）へ吸収合併）

(point) **沿革**

どのように創業したかという経緯から現在までの会社の歴史を年表で知ることができる。過去に行った重要なM&Aなどがいつ行われたのか，ブランド名はいつから使われているのか，いつ頃から海外進出を始めたのか，など確認することができて便利だ。

1990年 1 月	・米国で3回目の米国預託証券を発行 ・AVX CorporationCorporation（現 Kyocera AVX Components Corporation）を株式交換方式により連結子会社化し，同社株式のニューヨーク証券取引所上場廃止（1995年8月に同証券取引所に再上場，2020年3月に京セラ（株）による完全子会社化に伴い同証券取引所上場廃止）
1995年 3 月	・横浜R&Dセンター（現 横浜事業所）を建設
1995年 8 月	・京都府相楽郡関西文化学術研究都市に中央研究所（現 けいはんなリサーチセンター）を建設 ・中国東莞に製造会社Dongguan Shilong Kyocera Optics Co.,Ltd.（現 Dongguan Shilong Kyocera Co., Ltd.）を設立
1995年 9 月	・京セラコミュニケーションシステム（株）を設立
1998年 8 月	・京都市伏見区に本社新社屋を建設
2000年 2 月	・米国Qualcomm, Inc.の携帯電話端末事業を承継
2000年 4 月	・京セラミタ（株）（現 京セラドキュメントソリューションズ（株））に出資し，同社を連結子会社化
2001年12月	・中国東莞にプリンター及び複合機の製造会社Kyocera Mita Office Equipment (Dongguan) Co., Ltd.（現 Kyocera Document Technology (Dongguan) Co., Ltd.）を設立
2002年 4 月	・京セラドキュメントソリューションズ（株）が当社のプリンター事業を承継
2002年 8 月	・半導体関連材料事業を行う東芝ケミカル（株）を株式交換方式により連結子会社化し，京セラケミカル（株）へ社名変更（2016年4月に京セラ（株）へ吸収合併）
2003年 8 月	・水晶部品事業を行うキンセキ（株）を株式交換方式により連結子会社化（後に京セラクリスタルデバイス（株）へ社名変更，2017年4月に京セラ（株）へ吸収合併） ・ビルドアップ高密度配線基板の製造販売会社京セラSLCテクノロジー（株）を設立（後に京セラサーキットソリューションズ（株）へ社名変更，2016年4月に京セラ（株）へ吸収合併）
2004年 9 月	・当社及び（株）神戸製鋼所において両社の医療材料事業部門を会社分割し，日本メディカルマテリアル（株）を設立するとともに，同社が同事業を承継（後に京セラメディカル（株）へ社名変更，2017年4月に京セラ（株）へ吸収合併）
2008年 4 月	・三洋電機（株）の携帯電話端末事業等を承継
2009年 1 月	・ドイツのプリンター及び複合機の販売会社であるTA Triumph-Adler AGを連結子会社化（後にTA Triumph-Adler GmbHへ社名変更）

(point) **創業時の社名は京都セラミック**

1959年京都セラミックとして創業。小区分で独立採算制の「アメーバ経営」が有名だ。1970年前後には半導体用多層パッケージ，積層コンデンサを相次いで製品化し，その後の成長を支える。「価値ある多角化」を掲げながら，積極的なM&Aを通じて電子部品の取扱製品を拡大した他，カメラ，情報機器，携帯電話などへも事業を広げた。

2011年7月	・デンマークの機械工具製造販売会社であるUnimerco Group A/Sを連結子会社化し，Kyocera Unimerco A/Sへ社名変更 ・ベトナムにプリンター及び複合機の製造会社Kyocera Mita Vietnam Technology Co., Ltd.（現 Kyocera Document Technology Vietnam Co., Ltd.）を設立
2011年8月	・ベトナムに製造会社Kyocera Vietnam Management Co., Ltd.（現 Kyocera Vietnam Co.,Ltd.）を設立
2012年2月	・液晶ディスプレイ関連の専業メーカーであるオプトレックス（株）を連結子会社化（後に京セラディスプレイ（株）へ社名変更，2018年10月に京セラ（株）へ吸収合併）
2013年10月	・プリント配線板メーカーである（株）トッパンNECサーキットソリューションズを連結子会社化（後に京セラサーキットソリューションズ（株）へ社名変更）
2014年10月	・京セラサーキットソリューションズ（株）を京セラSLCテクノロジー（株）に統合し，京セラサーキットソリューションズ（株）へ社名変更（2016年4月に京セラ（株）へ吸収合併）
2015年9月	・パワー半導体メーカーである日本インター（株）を連結子会社化（2016年8月に京セラ（株）へ吸収合併）
2016年4月	・京セラサーキットソリューションズ（株）と京セラケミカル（株）を吸収合併
2016年8月	・日本インター（株）を吸収合併
2017年4月	・京セラメディカル（株），京セラクリスタルデバイス（株）並びに京セラコネクタプロダクツ（株）を吸収合併
2017年8月	・米国の空圧工具メーカーであるSenco Holdings, Inc.を連結子会社化し，Kyocera Senco Industrial Tools, Inc.へ社名変更
2018年1月	・リョービ（株）の電動工具事業を承継した京セライジダストリアルツールズ（株）を連結子会社化（2020年1月に完全子会社化）
2018年6月	・ニューヨーク証券取引所への上場廃止（同年9月，米国証券取引委員会（SEC）登録廃止）
2018年10月	・京セラディスプレイ（株）と京セラオプテック（株）を吸収合併
2019年5月	・横浜みなとみらい21地区にみなとみらいリサーチセンターを設立
2019年6月	・米国の空圧・電動工具販売会社Southern Carlson, Inc.の持株会社であるFastener Topco, Inc.を連結子会社化し，Kyocera Industrial Tools, Inc.へ社名変更
2020年3月	・AVX Corporation（現 Kyocera AVX Components Corporation）の非支配持分をすべて取得し，同社を完全子会社化
2020年6月	・光学部品メーカーである昭和オプトロニクス（株）を連結子会社化し，京セラSOC（株）へ社名変更

2021年1月	・GaN（窒化ガリウム）製レーザー製品を手掛ける米国Soraa Laser Diode, Inc.を連結子会社化し，Kyocera SLD Laser, Inc.へ社名変更
2022年4月	・東京証券取引所の市場区分の見直しにより、同証券取引所の市場第一部からプライム市場に移行
2022年9月	・鹿児島国分工場敷地内に分散していた研究開発，生産技術，分析の3部門を集約し，新たにきりしまR&Dセンターを建設

3 事業の内容

　当社は創業以来，ファインセラミック技術をベースに新技術，新製品開発や新市場創造を進めています。また，素材・部品からデバイス，機器，システム，サービスに至るグループ内の経営資源を活用し，事業の多角化により成長を図るとともに，情報通信，産業機械，自動車，環境・エネルギー関連等の市場において，多種多様な製品の開発・製造・販売及びサービスをグローバルに提供しています。

　当社は，IFRSに準拠して連結財務諸表を作成しています。また，関係会社についてもIFRSにおける連結及び持分法適用の範囲に基づき開示しています。なお，「第2 事業の状況」及び「第3 設備の状況」においても同様に開示しています。

　各レポーティングセグメントの具体的な内容は次のとおりですが，このレポーティングセグメントは，「第5 経理の状況 1 連結財務諸表等（1）連結財務諸表 注記6．セグメント情報」に掲げるレポーティングセグメント情報の区分と同一です。

（1） コアコンポーネント ・・・

　半導体製造装置用部品等の各種ファインセラミック部品や車載カメラモジュール，電子部品やICを保護するセラミック・有機パッケージ等を産業機械や自動車関連，情報通信市場向けに展開しています。

（2） 電子部品 ・・

　コンデンサや水晶部品，コネクタ等の各種電子部品やデバイス等を情報通信や産業機器，自動車関連，民生市場向けに展開しています。

(point) 事業の内容

　　会社の事業がどのようにセグメント分けされているか，そして各セグメントではどのようなビジネスを行っているかなどの説明がある。また最後に事業の系統図が載せてあり，本社，取引先，国内外子会社の製品・サービスや部品の流れが分かる。ただセグメントが多いコングロマリットをすぐに理解するのは簡単ではない。

(3) ソリューション

　機械工具事業では，自動車や一般産業・建築市場向けに切削工具や空圧・電動工具を，ドキュメントソリューション事業では，オフィス用プリンター・複合機やドキュメント管理システム等のソリューションサービス，商業用プリンターを，コミュニケーション事業では，携帯端末等の通信機器や情報通信サービス等を，また，その他としてはスマートエネルギー関連の製品・サービス等を展開しています。

レポーティングセグメント／主要事業・製品	主要会社
(1) コアコンポーネント	
産業・車載用部品	
ファインセラミック部品	京セラ㈱
自動車用部品	Dongguan Shilong Kyocera Co., Ltd.
光学部品	Kyocera (Thailand) Co., Ltd.
	Kyocera International, Inc.
	Kyocera Europe GmbH
半導体関連部品	
セラミックパッケージ	京セラ㈱
有機基板（パッケージ、ボード）	Kyocera (China) Sales & Trading Corporation
	Kyocera Korea Co., Ltd.
	Kyocera Asia Pacific Pte. Ltd.
	Kyocera Vietnam Co., Ltd.
	Kyocera International, Inc.
	Kyocera Europe GmbH
その他	
医療機器	京セラ㈱
宝飾・応用商品	
(2) 電子部品	
コンデンサ	京セラ㈱
水晶部品	Kyocera (China) Sales & Trading Corporation
コネクタ	Kyocera Korea Co., Ltd.
パワー半導体	Kyocera Asia Pacific Pte. Ltd.
センサー・制御部品	Kyocera AVX Components Corporation

(point) **京セラはこんな会社**

　総合電子部品メーカー。ディーゼルエンジン向け部品，電子部品セラミックパッケージ，半導体製造装置向けセラミック部品などでニッチトップの商品を数多く持つ。「アメーバ経営」を実践，組織を小集団に分け，市場に直結した独立採算制により運営。トップシェアでない製品でも競合他社と比較して高採算な事業が多い。

レポーティングセグメント／主要事業・製品	主要会社
(3) ソリューション	
機械工具	
切削工具 空圧・電動工具	京セラ㈱ 京セラインダストリアルツールズ㈱ Kyocera (China) Sales & Trading Corporation Dongguan Shilong Kyocera Co., Ltd. Kyocera Asia Pacific Pte. Ltd. Kyocera Senco Industrial Tools, Inc. Kyocera Industrial Tools, Inc. Kyocera Unimerco A/S
ドキュメントソリューション	
プリンター 複合機 商業用インクジェットプリンター ドキュメントソリューションサービス	京セラドキュメントソリューションズ㈱ 京セラドキュメントソリューションズジャパン㈱ Kyocera Document Technology (Dongguan) Co., Ltd. Kyocera Document Technology Vietnam Co., Ltd. Kyocera Document Solutions America, Inc. Kyocera Document Solutions Europe B.V. Kyocera Document Solutions Deutschland GmbH TA Triumph-Adler GmbH
コミュニケーション	
携帯端末 通信モジュール 情報通信サービス	京セラ㈱ 京セラコミュニケーションシステム㈱ Kyocera International, Inc.
その他	
スマートエネルギー関連製品・サービス ディスプレイ プリンティングデバイス	京セラ㈱ Dongguan Shilong Kyocera Co., Ltd. Kyocera (Thailand) Co., Ltd. Kyocera Europe GmbH

---

point **車載関連売上の約半分を占める電子デバイスセグメント**

電子デバイスセグメントは京セラ全社の車載関連売上の半分近くを占めているようだ。旧オプトレックス社を中心とした液晶ディスプレイが主体になっている。欧州で今後，コックピットの液晶化トレンドがさらに高まる可能性が高く，京セラがどの程度食い込めるかが重要な課題だと言える。

以上を事業系統図に示すと次のとおりです。

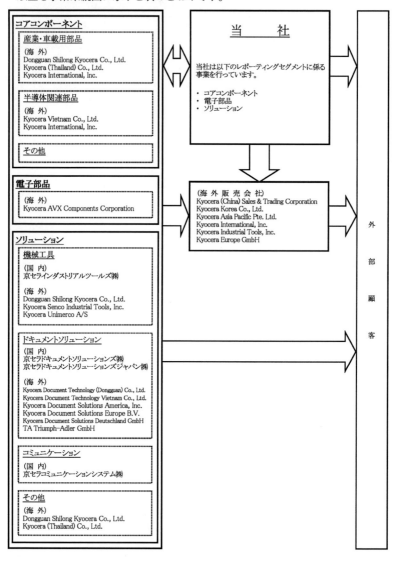

(point) ノウハウの蓄積が高い参入障壁に

京セラは「素材型電子部品メーカー」であり，技術面での高い参入障壁が強みだ。セラミックスやフェライト等の素材技術を活かした電子部品を主力とする企業群は日本特殊陶業，TDK，京セラ，太陽誘電，村田製作所などがある。素材から電子部品を作り上げる各社の技術は，まさにノウハウの蓄積であると言える。

4 関係会社の状況

名　称	住　所	資本金	主要な事業の内容	議決権の所有割合(%)	関係内容 役員の兼任	関係内容 資金援助	関係内容 営業上の取引
(連結子会社)							
京セラインダストリアルツールズ㈱	広島県福山市	100百万円	空圧・電動工具の開発、製造並びに販売	100.00	有	有	－
京セラドキュメントソリューションズ㈱ (注)1	大阪市中央区	12,000百万円	プリンター、複合機等の開発、製造、販売並びにソリューションサービスの提供	100.00	有	有	当社より原材料を供給
京セラドキュメントソリューションズジャパン㈱	大阪市中央区	1,100百万円	国内におけるプリンター、複合機等の販売	100.00 (100.00)	有	－	－
Kyocera Document Technology (Dongguan) Co.,Ltd.	中国広東省東莞	US $ 56,700千	プリンター、複合機等の製造	92.76 (92.76)	有	有	－
Kyocera Document Technology Vietnam Co.,Ltd.	ベトナムハイフォン	US $ 55,000千	プリンター、複合機等の製造	100.00 (100.00)	有	有	－
Kyocera Document Solutions America, Inc.	米国ニュージャージー州フェアフィールド	US $ 29,000千	北米地域におけるプリンター、複合機等の販売	100.00 (100.00)	有	－	－
Kyocera Document Solutions Europe B.V.	オランダホーフトドルプ	EURO 6,807千	欧州地域におけるプリンター、複合機等の販売	100.00 (100.00)	有	－	－
Kyocera Document Solutions Deutschland GmbH	ドイツメーアブッシュ	EURO 920千	欧州地域におけるプリンター、複合機等の販売	100.00 (100.00)	－	－	－
TA Triumph-Adler GmbH	ドイツニュルンベルク	EURO 80,303千	欧州地域におけるプリンター、複合機等の販売	100.00 (100.00)	有	－	－
京セラコミュニケーションシステム㈱	京都市伏見区	2,986百万円	情報通信サービス等の提供	76.64	有	－	当社のシステム運用サポート等
京セラ興産㈱	東京都渋谷区	50百万円	不動産の所有、管理並びに賃貸	100.00	有	有	－

名　称	住　所	資本金	主要な事業の内容	議決権の所有割合(%)	関係内容 役員の兼任	関係内容 資金援助	関係内容 営業上の取引
Kyocera (China) Sales & Trading Corporation	中国 天津	US $ 10,000千	セラミックパッケージ、各種電子部品並びに切削工具等の販売	90.00	有	－	当社より製品の供給を受け中国で販売
Dongguan Shilong Kyocera Co.,Ltd.	中国 広東省 東莞	HK $ 472,202千	自動車用部品、切削工具並びにディスプレイ等の製造	90.00	有	有	当社より原材料の供給を受け当社へ製品を供給
Kyocera Korea Co.,Ltd.	韓国 ソウル	Won 1,200,000千	半導体関連部品及び各種電子部品等の販売	100.00	有	－	当社より製品の供給を受け韓国で販売
Kyocera Asia Pacific Pte.Ltd.	シンガポール チョンバルロード	US $ 35,830千	半導体関連部品、各種電子部品並びに切削工具等の販売	100.00	有	－	当社より製品の供給を受けアジア地域で販売
Kyocera Vietnam Co.,Ltd.	ベトナム フンイェン	US $ 90,403千	セラミックパッケージの製造	100.00	有	有	当社より原材料の供給を受け当社へ製品を供給
Kyocera (Thailand) Co.,Ltd	タイ ランプーン	THB 500,000千	自動車用部品及びディスプレイの製造	100.00	有	有	当社より原材料の供給を受け当社へ製品を供給
Kyocera International, Inc. (注)1	米国 カリフォルニア州 サンディエゴ	US $ 34,850千	各種ファインセラミック部品及び半導体関連部品等の製造及び販売並びに通信端末等の販売	100.00	有	－	当社より製品及び原材料の供給を受け北米地域で製品を販売
Kyocera AVX Components Corporation	米国 サウスカロライナ州 ファウンテンイン	US $ 1,763千	各種電子部品の開発、製造並びに販売	100.00	有	－	当社より製品の供給を受け北米地域及び欧州地域で販売並びに当社へ製品を供給
Kyocera Senco Industrial Tools, Inc.	米国 オハイオ州 シンシナティ	US $ 0.01	空圧・電動工具の開発、製造並びに販売	100.00	－	－	－
Kyocera Industrial Tools, Inc.	米国 ネブラスカ州 オマハ	US $ 1.00	空圧・電動工具の販売	100.00	－	有	－

(point) 時間当たりの採算性を重視

　事業の多角化が進んだ京セラが継続的に売上を伸ばせる理由はアメーバ経営が各事業に浸透しているからだ。アメーバ経営には「時間当たり採算」という管理手法がある。社内の各アメーバが生み出す時間当たりの付加価値を正しく把握し，高めることを経営活動に反映させる。これにより経営資源をフル活用して収益を生み出す。

名 称	住 所	資本金	主要な事業の内容	議決権の所有割合(%)	関係内容		
					役員の兼任	資金援助	営業上の取引
Kyocera Europe GmbH	ドイツ エスリンゲン	EURO 1,687千	各種ファインセラミック部品、半導体関連部品並びにプリンティングデバイス等の販売	100.00	有	―	当社より製品の供給を受け欧州地域で販売
Kyocera Unimerco A/S	デンマーク スンズ	DKK 153,000千	切削工具の開発、製造並びに販売	100.00 (100.00)	―	―	当社より製品の供給を受け欧州地域で販売
その他 264社							

(注) 1 特定子会社に該当します。

2 議決権の所有割合の（ ）内は，間接所有割合を内数で記載しています。

3 2023年3月31日現在，持分法適用会社が10社ありますが，重要性が乏しいため記載を省略しています。

5 従業員の状況

(1) 連結会社の状況 ···

	従業員数（人）
コアコンポーネント	17,424
電子部品	19,490
ソリューション	39,370
その他の事業	1,304
本社部門	3,621
合 計	81,209

(注) 1 従業員数は就業人員数（嘱託を含む）であり，パートタイマー及び定年後再雇用者数については，従業員数の100分の10未満であるため記載していません。

2 各セグメントに帰属しない全社的な管理及び基礎研究を行う従業員は，「本社部門」として分類しています。

(2) 提出会社の状況 ···

従業員数（人）	平均年齢（歳）	平均勤続年数（年）	平均年間給与（円）
21,010　[5,120]	39.7	16.1	7,233,043

point 関係会社の状況

主に子会社のリストであり，事業内容や親会社との関係についての説明がされている。特に製造業の場合などは子会社の数が多く，すべてを把握することは難しいが，重要な役割を担っている子会社も多くある。有報の他の項目では一度も触れられていない場合が多いので，気になる会社については個別に調べておくことが望ましい。

	従業員数（人）
コアコンポーネント	11,403
電子部品	2,162
ソリューション	4,132
その他の事業	607
本社部門	2,706
合　計	21,010

（注）1　従業員数は就業人員数です。
　　　2　[　]内にパートタイマー及び定年後再雇用者の合計人員数を外数で記載しています。
　　　3　平均年間給与は賞与及び基準外賃金を含んでいます。
　　　4　各セグメントに帰属しない全社的な管理及び基礎研究を行う従業員は，「本社部門」として分類しています。

（3）　労働組合の状況 ……………………………………………………………

特に記載すべき事項はありません。

■ 事業の状況

　文中の将来に関する事項は，当社が当連結会計年度末現在において判断したものです。

（1）　経営の基本方針 ……………………………………………………………

　当社は，「全従業員の物心両面の幸福を追求すると同時に，人類，社会の進歩発展に貢献すること。」という経営理念の追求のため，「人間として何が正しいか」を判断基準とした企業哲学である「京セラフィロソフィ」と，独自の経営管理システムである「アメーバ経営」の実践を通して，持続的な売上拡大と高い収益性の実現を目指しています。

（2）　中期の経営目標 ……………………………………………………………

　当社は，今後の中期的な経営目標を設定し，その達成に必要な施策を明確化するために，2024年3月期から2026年3月期までの中期経営計画を策定しました。
　中期経営計画における主要な施策は次のとおりです。
・長期的な展望に基づいた先行投資の集中実施
・高成長の実現に向けたグループ内経営資源の競争優位分野への統合・結集
・事業の選択と集中の推進，及び低成長・低採算領域における構造改革の実施
・社会課題解決型の新規事業創出に向けた研究開発体制の強化

（中期経営計画）

2026年3月期目標

売上高	2兆5,000億円
税引前利益	3,500億円
税引前利益率	14.0%
ROE	7.0%以上

　中期経営計画の達成に向けて，当社は，既存事業への設備投資及び新規事業創出のための研究開発の一層の拡大を見込んでいます。この資金の源泉としては，営業活動によるキャッシュ・フローに加え，金融資産を活用した借入金を充当する計画です。

詳細は下記キャピタル・アロケーションをご参照ください。

（2024年3月期から2026年3月期までの投資計画を含むキャピタル・アロケーション）

（3） 中長期的な経営戦略及び対処すべき課題

　AI技術や5G通信技術の進化とともに社会全体のデジタル化が加速しており，今後も半導体関連産業や電子部品産業の更なる拡大が見込まれます。また，技術の進化と併せて，脱炭素等の環境対応や労働人口減少に対する生産現場のスマート化の進展等，様々な社会課題の解決に貢献する技術やサービスへのニーズが高まっています。

　当社はこれらの環境変化を事業機会と捉え，当社の強みである幅広い事業領域と多様な技術，強固な財務基盤を活用し，社会課題の解決に貢献する製品やソリューションの展開を通じ，事業拡大を図ります。

a. 既存事業の拡大及び新規事業の創出に向けた投資の強化

　AIの活用領域拡大に伴い，中長期的に5G/6Gや半導体，モビリティ関連市場での各種製品の需要が見込まれます。これらの市場においては，より高精細，高性能，高品質な製品供給が求められる一方，需要の変動や技術革新の加速化により，生産能力だけでなく，ニーズの変化にタイムリーに対応できる供給体制の構築が必要となっています。当社は高シェア製品を中心に，引き続き国内外において新工場棟の建設を進めるとともに，デジタル技術の活用による生産現場のス

マートファクトリー化等の積極的な設備投資を進め，既存事業の拡大に努めます。

また，新製品・新技術開発の促進に向けて，グループ内外の経営リソースの一層の活用による開発力の強化及びスピードアップ，並びに人材育成に努め，事業領域の拡大を図ります。

さらに，長期的な事業成長を支える新規事業の創出に向けた研究開発への投資も積極的に進めています。新素材等の応用展開による様々な領域への新製品開発をはじめ，当社の強みである幅広い技術資産を組み合わせることにより，独自性が高く，社会課題の解決に貢献する新規事業の創出を図ります。

b. 収益性向上に向けた事業の選択と集中

当社は，高収益事業の一層の収益性の向上並びに課題事業の収益性改善を図るため，経営陣主導による事業モニタリングを強化し，事業体制や事業領域，製品展開の見直し等を進め，事業の選択と集中に取り組んでいます。

コアコンポーネントセグメント及び電子部品セグメントにおいては，より高収益な事業体制の構築に向けて高付加価値製品等の競争優位領域に注力するとともに，生産性向上に向けたスマートファクトリーの導入や生産管理面でのデジタル活用等による効率化を進めます。

ソリューションセグメントにおいては，保有している様々な技術や製品の融合により，新たな事業モデルを構築するとともに，構造改革を実行することで収益性の改善・向上を図ります。

c. サステナブル経営の推進

当社は持続的な企業運営に向けて，環境や社会課題への対応並びにコーポレート・ガバナンスの強化に取り組みます。

環境面では脱炭素社会の実現を目指し，再生可能エネルギーの普及に努めています。自社拠点への太陽光発電システムの設置導入を進めるとともに，地域・社会全体での温室効果ガス排出量削減に向けて，太陽電池，燃料電池，蓄電池の3つの電池を活用した新たなサブスクリプション型の事業モデル等のインフラ構築の促進に取り組んでいます。

社会面では，経営理念である「全従業員の物心両面の幸福を追求すると同時に，人類，社会の進歩発展に貢献すること」の実現を目指し，社員一人ひとりがいき

いきと活躍できるよう，働きやすさの醸成に努めています。多様な人材が柔軟に働くことで，社会課題を把握し，課題を解決する事業の創出につながるものと考えています。

コーポレート・ガバナンスについては，企業価値向上を目指し，取締役会の更なる多様性や実効性の向上，中長期の事業戦略及び資本戦略に関する積極的な議論等を進めます。また，リスクマネジメント及びコンプライアンスの推進等により，サステナブル経営の実践を図ります。

(4) レポーティングセグメント別の対処すべき課題等 ·····················
a. コアコンポーネント

(a) 経営戦略
- ・半導体関連市場への注力
- ・生産性向上のための積極的な設備投資の実行

(b) 中期目標（2026年3月期）

売上高	7,800億円
事業利益	1,404億円
利益率	18.0%

(c) 事業環境見通し及び主な事業戦略

当レポーティングセグメントの主要市場である半導体市場は，中長期的に最先端品を中心に大幅な需要増を見込んでおり，ロジックは2022年から2030年にかけて，年平均成長率（CAGR）11％，メモリーは同5％の成長を予想しています。

当社は，半導体市場向けにネットワークサーバー用有機パッケージ，半導体用セラミックパッケージ，半導体製造装置用ファインセラミック部品を供給しています。パッケージ製品では戦略顧客における高いシェアに加え，有機パッケージでは大型高多層化に対応する製造技術を，セラミックパッケージでは高い供給能力や材料・プロセス技術を，また，半導体製造装置用ファインセラミック部品では精密加工や温度均一性など先端品の技術・品質・生産対応力と先進装置メーカーとの長年にわたる強固な信頼関係を有しています。当社はこれらの強みを活かすことで，先端半導体を中心に顧客要求へ迅速かつ的確に対応

し，高い市場シェアの維持・拡大を図ります。

　この事業成長の実現には，生産能力の増強が必要であり，当社は顧客との密な連携に基づく更なる先行投資の強化，及び建築資材調達や工期の長期化を考慮した新工場，新棟建設の早期対応を図るため，2024年3月期から2026年3月期までの3年間で過去最大規模となる4,000億円の設備投資を計画しています。長期的需要増を見据えた新工場棟の立ち上げに加え，既存工場のスクラップ＆ビルドを実施することで主要製品の生産容量の拡大を進め，市場要求への対応を図ります。

b. 電子部品

(a)　経営戦略

　　・京セラ（株）電子部品とKyocera AVX Components Corporation（KAVX）とのシナジー最大化によるシェア拡大

　　・コンデンサとタイミングデバイスへの注力

(b)　中期目標（2026年3月期）

売上高	5,000億円
事業利益	1,000億円
利益率	20.0%

(c)　事業環境見通し及び主な事業戦略

　当レポーティングセグメントの主要製品は，エレクトロニクス産業の進展に伴う拡大が予想されており，2022年から2025年にかけての各市場のCAGRは，コネクタで4%，積層セラミックコンデンサで10%，タイミングデバイスで5%，ポリマータンタルで7%を予想しています。

　当社の主な強みは，ICの高集積化に貢献する小型・高精度化技術や，産業機器，車載，医療及び航空宇宙と多岐にわたるKAVXのディストリビューター販売チャネル及び物流ネットワークです。この強みを活かし，タンタルコンデンサやタイミングデバイスで高い市場シェアの維持を図ると同時に，積層セラミックコンデンサやコネクタにおいては市場シェアの向上を目指します。

　また，事業拡大を支える生産体制の確立に向け3年間合計で2,100億円の設備投資を計画しており，生産能力拡大に向けたグローバル体制の構築と自動化・省人化に不可欠なデジタル技術の積極採用を進めます。具体的には，タイでの

(point) **業績等の概要**

この項目では今期の売上や営業利益などの業績がどうだったのか，収益が伸びたあるいは減少した理由は何か，そして伸ばすためにどんなことを行ったかということがセグメントごとに分かる。現在，会社がどのようなビジネスを行っているのか最も分かりやすい箇所だと言える。

新工場建設や鹿児島国分工場での新棟建設に加え，既存のKAVX拠点への自動化ラインの導入を推進します。

　これらの取り組みを通じ，シナジーを発揮することで市場成長率を上回る成長を目指します。

c.　ソリューション

(a)　経営戦略

・既存事業の持続的な成長・拡大

・コミュニケーション事業及びエネルギー事業の構造改革による収益改善

(b)　中期目標（2026年3月期）

売上高	1兆2,500億円
事業利益	1,250億円
利益率	10.0%

(c)　事業環境見通し及び主な事業戦略

　当レポーティングセグメントの事業戦略は，既存事業の拡大及び構造改革の推進です。

　既存事業の拡大については，機械工具事業及びドキュメントソリューション事業を中心に成長を図ります。機械工具事業の主要市場である切削工具市場は，2025年には2022年比で約1.2倍，空圧・電動工具市場は約1.15倍の成長が期待されています。切削工具では欧州・アジアでの販売強化，付加価値の高い特注工具や新工法の開発力を活かした成長産業向け製品開発，DX付加価値サービスの推進に注力します。空圧・電動工具では，開発，製造，販売，サービスまで一貫体制の強みを活かしたグローバルシェアの拡大と，充電プラットフォームの共通化など，セグメント内技術連携による付加価値創出に取り組みます。引き続き積極的な投資を継続し，グローバル総合工具メーカーとして事業拡大を図ります。

　ドキュメントソリューション事業については，オフィスでのペーパーレス化が進み，MFPやプリンターの市場は2025年に2022年比で約0.95倍と縮小する一方，商業用インクジェットは約1.25倍，ECMは約1.15倍に伸長することが予想されます。このような環境下，MFP・プリンターでは，長寿命設計の強みを活かした環境に優しい新製品の積極投入によるシェア拡大と，ベトナム

(point) 京都陶器の長い歴史が企業を育てる

京セラや村田製作所など，高い収益性を誇るセラミックス系電子部品メーカーに京都発祥の企業が多いのは，原材料を混ぜ合わせ焼成炉で焼くというセラミック系電子部品の製造プロセスが，京都の陶器の製造工程と一致するためだ。つまり歴史的に京都には，素材型電子部品メーカーが育ち易い土壌が醸成されていたといえる。

での生産拡大による収益性改善に取り組みます。商業用インクジェットでは，多種多様な用紙への印刷が可能な新製品を投入することで，売上と利益の拡大を図ります。ECM・ドキュメントBPOサービスでは，自社製ECMソフトウェアのラインアップ拡充とグローバル展開を図ります。ドキュメントソリューションの強みでもある，環境に優しい製品とソリューションの組み合わせで，持続可能な社会実現に貢献していきます。

　構造改革については，コミュニケーション事業及びエネルギー事業の収益性向上に取り組みます。

　コミュニケーション事業においては，事業構造の抜本的転換で商品・カテゴリーの選択と集中，及び法人向けソリューション事業への注力を進めていきます。具体的には，コンシューマー向けスマートフォン事業を終息させ，ミリ波5G通信等のインフラ関連事業や収益性の高い法人向けカスタム機器とそれに付随する通信サービスの提供にシフトするとともに，京セラコミュニケーションシステム（株）の主力事業であるICTサービス，エンジニアリング事業を拡大していきます。

　エネルギー事業については，再生可能エネルギー需要とエネルギー価格高騰に対応する法人向け電力販売サービスの拡大を進めます。当社が持つ太陽電池，SOFC燃料電池，蓄電池の3つの電池の生産性倍増と原価低減を図ると同時に，従来のモノ売りから余剰電力の買い取りと再販を行う，再生可能エネルギー電力販売事業のコト売りへ転換を進めます。

　以上の施策を通じて，市場性と収益性の両面から各事業の見極めを行い，将来の成長分野へリソースを集中・統合することで，成長と収益性の向上を図ります。

2　サステナビリティに関する考え方及び取組

　当社のサステナビリティに関する考え方及び取組は，次のとおりです。

　なお，文中の将来に関する事項は，当連結会計年度末現在において当社が判断したものです。

　当社は，創業以来，「全従業員の物心両面の幸福を追求すると同時に，人類，

(point) 数多くの分野に応用されるファインセラミック

ファインセラミック応用品では太陽電池（ソーラー），切削工具などの工具，人工関節などのバイオセラム，宝飾品などが含まれる。世界の太陽電池需要は各国のフィードインタリフ（FIT）政策により大きく左右されてきた。特に欧州ではスペイン，ドイツ，イタリアが高いインセンティブのFITの導入により需要を喚起した。

社会の進歩発展に貢献すること」という経営理念のもと，社会と京セラグループの双方が持続的に発展できるよう，事業を通じた社会課題の解決に向けて取り組んでいます。また「社会との共生。世界との共生。自然との共生。共に生きる（LIVING TOGETHER）ことをすべての企業活動の基本に置き，豊かな調和をめざす。」という経営思想のもと，持続可能な社会を目指し，サステナブル経営を推進しています。なお，サステナビリティに関する取り組みの詳細については，当社ウェブサイト及び統合報告書をご参照ください。

(1) 気候変動への対応 ……………………………………………………………

a. ガバナンス

　当社は，気候変動問題を重要な経営課題の一つとして位置付けており，2020年3月よりTCFDへの賛同を表明するとともに，ガバナンス体制の確立，リスク管理，戦略，指標及び目標の設定を行い，気候変動対策を推進しています。トップマネジメントが出席する京セラグループサステナビリティ委員会において，気候変動に関する目標や対策について審議し，決定しています。気候変動対策について取締役会に報告するとともに，グループの経営幹部が出席する国際経営会議にて共有しています。また，京セラグループサステナビリティ委員会の下部組織として対策を推進する長期環境目標推進タスクフォースを設置し，京セラグループ長期環境目標の達成に向けて取り組んでいます。

b. リスク管理

　当社は，気候変動に関するシナリオ分析を定期的に実施し，リスク及び機会の識別，評価並びに管理を行っています。リスクの評価手法として，気候変動に関わるリスクと機会をバリューチェーンごとに抽出した上で，移行リスクと物理リスクに分類するとともに，社会情勢及び当社の事業への影響度を考慮し，重要度を評価しています。

c. 戦略

　当社は，IPCC（Intergovernmental Panel on Climate Change）等による情報に基づき，「1.5℃シナリオ（注1）」及び「2.6℃シナリオ（注2）」を用いて，

(point) **セラミック製造には陶工の技術と経験が必要**

　陶器等の焼き物は，土を捏ねる→形を整える→釜で焼くという生産工程を経る。また陶工には外気温や湿度等外部環境に合わせ，焼く時間や温度等の微細な調整が求められる。セラミックス系電子部品も陶器と同様の製造工程を経る。そして原材料の調合比率，焼成時間長短等により，異なる特性を有するセラミック材料が生まれる。

2030年の自社の事業への影響及び顧客の業界の変化を把握するとともに，京セラグループの気候変動に関するリスク及び機会を分析しています。特に，当社が展開している再生可能エネルギー関連事業については，脱炭素化の動向が重要であるため，1.5℃シナリオにおける各種エネルギーの普及パターン等を設定し，それぞれのリスク及び機会が与える財務上の影響額を評価・分析しています。また，その分析結果に基づき，2031年3月期温室効果ガス排出量削減目標の達成，2051年3月期カーボンニュートラルの実現を目指しています。

(注1) 2100年に世界平均気温が産業革命以前に比べ1.0〜1.8℃上昇するシナリオ

(注2) 2100年に世界平均気温が産業革命以前に比べ2.1〜3.5℃上昇するシナリオ

d. 指標及び目標

　　京セラグループの長期環境目標は次のとおりです。なお，温室効果ガス排出量の削減目標については，SBT（Science Based Targets）の認定を取得しています。

・温室効果ガス排出量（Scope1, 2）削減目標(1.5℃水準)　：2031年3月期46%削減（2020年3月期比）
・温室効果ガス排出量（Scope1, 2, 3）削減目標(1.5℃水準)：2031年3月期46%削減（2020年3月期比）
・再生可能エネルギー導入量　　　　　　　　　　　　　：2031年3月期20倍（2014年3月期比）
・2051年3月期カーボンニュートラル

(注)　Scope1：燃料使用に伴う直接排出

　　　Scope2：外部から購入する電力や熱の使用に伴う間接排出

　　　Scope3：Scope1, 2以外の間接排出（原料調達，輸送，使用，廃棄，従業員の通勤，出張等）

(2)　人的資本・多様性に関する取り組み ……………………………………

　　京セラグループの発展を支えてきたものは，常に高い目標を持ち，チャレンジし続ける企業風土と従業員にあります。その根幹にあるものは，「人間として何が正しいか」を物事の判断基準とした経営哲学「京セラフィロソフィ」です。京セラグループでは，共通の考え方である「京セラフィロソフィ」の継承・実践による経営理念の浸透に加え，業務を遂行する上で必要な専門知識・技術の習得等，従業員の能力開発に注力しています。また，多様な人材が働きがいをもって活躍できる職場環境の整備に取り組むことも重要と考えています。

a. 戦略

(a)　経営哲学「京セラフィロソフィ」の理解・実践を通じた人材育成

　　　当社は，京セラフィロソフィの教育及び浸透を図るため，代表取締役会長を委員長とした「全社フィロソフィ委員会」を設置しています。当委員会は京セ

(point) **前身はトッパンNECサーキットソリューションズ**

　　京セラサーキットソリューションズは通信インフラ向け超多層プリント配線板やスマートフォン・民生機器向け樹脂半導体パッケージの中堅企業だ。この買収は京セラが超多層基板の製造ノウハウや知財を取得して，次世代半導体パッケージ開発に際して技術シナジー（多層コア基板や2.5Dパッケージの開発）を得ることが目的だろう。

ラグループ全社のフィロソフィ教育方針を策定するとともに，フィロソフィの理解促進及び実践に向けた施策を審議・決定しています。また，各部門においてフィロソフィ推進委員を選任し，経営哲学が息づく企業文化の醸成と継承を図る体制を構築しています。

　当社は，全社フィロソフィ委員会の方針に則り，グローバルに京セラフィロソフィ教育を展開しています。経営幹部には，代表取締役会長とフィロソフィをテーマに対話するセッションを開催し，フィロソフィを兼ね備えた次代の経営リーダーの育成を図っています。さらに，階層別研修の実施やフィロソフィ手帳の配布，フィロソフィ実践体験談の優秀作品の表彰を行うなど，フィロソフィの浸透を図ることにより，経営理念の実現に貢献する人材育成に努めています。

グローバルフィロソフィセミナー
（代表取締役会長と海外経営幹部）

京セラフィロソフィ手帳
（多言語に翻訳された手帳を海外従業員にも配布）

(b)　人材の能力開発

　当社は，人材の能力開発において，多様化するニーズに幅広く対応するため，マネジメント，専門技術・技能，DX，語学等，多岐にわたる研修を体系的に実施しています。また，従業員の自律的なキャリア構築の支援策として自己啓発プログラムの充実化を図るなど，人材育成に取り組んでいます。

(c)　多様な人材の活躍及び働きやすい職場環境の整備

　当社は，従業員一人ひとりが持つ個性・価値観を尊重し，多様な人材が働きがいをもって活躍できることが重要であると考えています。この考え方に基づき，従業員エンゲージメントの向上や，在宅勤務制度及びフレックスタイム制度等の柔軟な勤務体系の導入，仕事と育児・介護等との両立支援を推進しています。

また，女性管理職比率及び男性の育児休業取得率の向上に向けて，管理職の理解促進を図るための研修に加え，女性管理職候補者向け研修やロールモデル座談会，男性の育児休業取得者向けセミナーの開催等を実施しています。さらに，利便性や快適性を追求した働きやすく，魅力ある職場環境の整備に取り組んでおり，社員同士の交流の場として，コミュニケーションスペースや共用のワークスペースを設置するとともに，2023年3月より京セラグループの首都圏に所在する拠点を利便性の高い地域へ段階的に移転しています。

きりしまR＆Dセンター
交流ラウンジ

京都本社カフェテリア

新東京事業所
（港区オフィスビル内）

b．指標及び目標

　当社は，上記「a.戦略」において記載した，人材の多様性の確保を含む人材の育成に関する方針及び社内環境整備に関する方針について，次の指標を用いています。当該指標に関する目標は，次のとおりです。

・京セラグループにおける「京セラフィロソフィ」の更なる浸透・実践の推進
・女性管理職比率 ：2026年3月末までに8％達成（注）
・男性の育児休業取得率 ：2026年3月末までに50％達成（注）

（注）　いずれも提出会社における目標数値です。

　なお，女性管理職比率及び男性の育児休業取得率の実績については，「第1企業の概況　5　従業員の状況　(4)管理職に占める女性労働者の割合，男性労働者の育児休業取得率並びに労働者の男女の賃金の差異」を参照ください。

(3)　人権に関する取り組み ・・

a．ガバナンス及びリスク管理

　世界的な人権に対する意識の高まりにより，自社だけでなくサプライチェーン

における人権問題にも対応が求められていることから，当社は人権に関するリスクをコーポレートリスクとして位置付け，「リスクマネジメント委員会」にて，方針の決定や対策の進捗状況のレビューを実施しています。

b. 戦略並びに指標及び目標

　当社は従業員，顧客，株主・投資家並びに取引先等，京セラグループに関わるすべてのステークホルダーの人権を尊重し，人権リスクの軽減を推進しています。当社はEU紛争鉱物規則などの法規に対応しており，調達する鉱物に紛争や人権侵害などのリスクが存在するか調査し，リスク評価や是正措置を行うなど，人権に関するリスクの軽減やサプライチェーンの透明化に取り組んでいます。また，人権尊重の活動の一環としてRBA（Responsible Business Alliance）への加盟や，当社及びサプライチェーンに対する人権デューディリジェンスの実施，ハラスメント・差別の禁止教育等を実施しています。

3　事業等のリスク

　当社は，グローバルなリスクに対応するため，リスクマネジメント体制の整備やコーポレートリスクのマネジメントプロセスを設定し，グループ全体のリスクマネジメント活動を強化しています。また，有価証券報告書に記載した事業の状況，経理の状況等に関する事項のうち，経営者が当社の財政状態，経営成績及びキャッシュ・フローの状況に重要な影響を与える可能性があると認識している主要なリスクは次のとおりであり，すべてのリスクを網羅的に記載しているわけではありません。なお，当該事項は，当社が有価証券報告書提出日時点において判断したものです。

（1）　リスクマネジメント体制 ……………………………………………

　当社は，2022年6月に改組した「リスクマネジメント委員会」を定期的に開催し，リスクマネジメント方針，コーポレートリスク並びにリスクオーナーの決定を行うとともに，対応策の進捗状況のレビューを実施しています。当委員会にて審議した議案を取締役会に報告するとともに，各主管部門，工場・事業所並びにグループ会社に対して方針の共有を行っています。また，2023年4月に専門部署であるリスクマネジメント部を設置し，リスクマネジメント体制の強化を図っ

(point) 半導体部品セグメントは車載用途拡大に期待

　半導体部品セグメントは，LED用セラミックパッケージ，センサ用セラミックパッケージ，ECU用多層基板などが主力製品だ。ECUはエンジンルームなど高温など厳しい条件下で使用するケースが増加しており，放熱性に優れたセラミック製のパッケージや基板の採用は今後，増加するトレンドにあるだろう。

ています。

リスクマネジメント体制図

(2) コーポレートリスクのマネジメントプロセス ·······················

　京セラグループにおいて，リスクアセスメントを実施し，主要リスクを認識，分析，評価しています。主要リスクの中から経営への影響が特に大きく，対応が必要なコーポレートリスクを特定し，リスク対策の実施やレビュー，対策の改善等，以下のPDCAサイクルを推進しています。

コーポレートリスクのマネジメントプロセス図

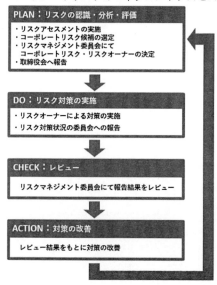

(point) 対処すべき課題

　有報のなかで最も重要であり注目すべき項目。今，事業のなかで何かしら問題があ
ればそれに対してどんな対策があるのか，上手くいっている部分をどう伸ばしていくの
かなどの重要なヒントを得ることができる。また今後の成長に向けた技術開発の方向
性や，新規事業の戦略についての理解を深めることができる。

(3) 事業等のリスク ···

上記リスクマネジメントプロセスにより特定されたコーポレートリスク及びその対応策は次のとおりです。

[コーポレートリスク]

a. 経済安全保障に関するリスク

当社は，日本以外に米国や欧州，アジア地域をはじめとする世界各国で，製造及び販売拠点拡充のために多額の投資を行っています。これらの海外市場で事業活動を行っていく上で，ロシアによるウクライナ侵攻など当社にとって望ましくない政治的・地政学的・経済的要因により，経済安全保障政策・投資規制・製品や原材料の輸出入の規制・収益の本国送金規制等に関する予期できない法律・規制の変更等のリスクに直面する可能性があります。

（主要な対応策）

当社は，リスクマネジメント部を中心に関連部門からなる経済安全保障対策プロジェクトを発足させ，刻々と変化する国際情勢を把握し，カントリーリスクのモニタリングを実施するなど，能動的なリスク回避策をとっています。

投資規制・収益の本国送金規制については，当社及びグループ各社において規制変更の情報を早期に収集し，当該国で保有する会社財産を国外に退避させるなど，適切に対処するよう取り組むことで，そのリスクの予防・回避に努めます。

b. 人権に関するリスク

世界的な人権に対する配慮の高まりにより，自社だけでなくサプライチェーンにおける人権問題にも配慮が求められています。そのため，これに関する予期できない法律・規制の変更等のリスクやレピュテーションリスクに直面する可能性があります。

（主要な対応策）

当社は，従業員，顧客，株主・投資家並びに取引先等，京セラグループに関わるすべてのステークホルダーの人権を尊重し，人権リスクの軽減を推進しています。当社はEU紛争鉱物規則などの法規に対応しており，調達する鉱物に紛争や人権侵害などのリスクが存在するか調査し，リスク評価や是正措置を行うなど，人権に関するリスクの軽減やサプライチェーンの高い透明性の実現に取り組んで

(point) 全社一丸となって車載電装に注力

現状はソーラーに次ぐ事業の柱が見えにくいが，期待されるのは車載電装であり，会社一丸となって取り組んでいくようだ。車載関連売上は，切削工具，ディスプレイ，カメラ，ECU基板，コネクタ，タンタルコンデンサ，水晶部品など多岐に渡る。まだシェアは低いが，チーム京セラとしてトップセールスも含め拡販していく方針だ。

います。また，人権尊重の活動の一環としてRBA（Responsible Business Alliance）への加盟や，当社及びサプライチェーンに対する人権デューディリジェンスの実施，ハラスメント・差別の禁止教育等を実施しています。

c. 情報セキュリティに関するリスク

当社は，事業活動における重要情報や顧客から入手した個人情報，機密情報を保有しています。これらの情報については，情報機器の故障やソフトウェアの不具合，マルウェアの侵入や高度なサイバー攻撃等により，情報漏洩や改ざん，滅失，システム停止等の被害を受けるリスクがあり，このような事態が発生した場合には，更なるセキュリティ対策や損害賠償等の多額の費用負担により，当社の財政状態，経営成績及びキャッシュ・フローの状況に影響を及ぼす可能性があります。また，当社のシステムに対する不正アクセスを防止するために，当社は今後の技術革新や顧客からの最新のセキュリティ要求事項にも対応できる情報セキュリティの維持に関連する追加的な費用を負担する可能性があり，それらが当社の財政状態及び事業活動に影響を及ぼす可能性があります。さらに，これらの情報漏洩等のリスクにより，社会的信用や事業競争力の低下につながる可能性もあります。

（主要な対応策）

当社は，すべての情報資産の重要性の理解と適切な利用・管理に努め，社会全体の信頼に応えるため，目的やセキュリティ対策・行動指針等を定義した「情報セキュリティ基本方針」を2022年7月に定め，継続的に情報セキュリティのリスク予防や軽減に取り組んでいます。また，経営戦略，商品開発，各種ノウハウ，技術等を会社の重要資産と認識した上で，京セラグループ統一の「情報セキュリティ管理方針」を制定し，情報セキュリティに関する管理体制を整備しています。さらに，情報セキュリティを維持・確保するために，従業員が遵守すべき事項を定めた各種規程を制定し，適宜見直しを行い，従業員への教育を実施しているほか，ネットワークやIT資産等に対するセキュリティ対策，事業継続計画（BCP）を策定し，情報セキュリティの強化を図っています。外部からのマルウェアの侵入やサイバー攻撃等に対しては，システムの脆弱性対策，システム監視による侵入防止策，インシデント発生時の早期検知，対処，復旧策を講じています。

(point) 事業等のリスク

「対処すべき課題」の次に重要な項目。新規参入により長期的に価格競争が激しくなり企業の体力が奪われるようなことがあるため，その事業がどの程度参入障壁が高く安定したビジネスなのかなど考えるきっかけになる。また，規制や法律，訴訟なども企業によっては大きな問題になる可能性があるため，注意深く読む必要がある。

d. 優れた人材の確保が困難となるリスク

当社が将来にわたり発展するためには，技術・販売・管理面において優れた人材を確保する必要があります。当社はあらゆる事業分野において，さらに多くの優れた能力を有する人材の雇用が必要になると考えています。近年，各分野において，有能な人材の獲得競争がますます激しさを増してきていることから，当社は今後，現有の人材を維持することや，能力のある人材を増員することができなくなる可能性があります。また，業務と育児・介護等との両立を支援する勤務体系の導入等，ワークライフバランスの充実化やダイバーシティ＆インクルージョンの推進を実施しない場合，現有の人材を維持できなくなる可能性があります。
（主要な対応策）

当社は，従業員数や都道府県別就労人口のモニタリング等を実施し，戦略的に新工場の立地を決定していることに加え，インフレや労働市場を踏まえた給与水準，海外の更なる現地化促進等，将来を見据えた人材確保の施策に取り組んでいます。また，在宅勤務やフレックスタイム制度等の柔軟な勤務体系の導入により，ワークライフバランスの充実化やダイバーシティ＆インクルージョンの推進を図り，多様な人材が働きがいを持って活躍できる職場環境の実現に取り組んでいます。

e. 地震等の自然災害に関するリスク

当社は，国内外において多くの開発・製造・事業関連施設を有しています。日本をはじめとするそれらの施設がある地域での地震や台風，津波，大雨，洪水，大雪，噴火等の不可避な自然災害の発生や，設備故障及び人為的ミスにより当社の施設に影響を与える大規模な災害等が発生した場合，当社の事業への影響が考えられます。例えば，大規模な地震の発生により，当社の人員や開発・生産設備が壊滅的な損害を被り，操業の中断や製造・出荷の遅延を余儀なくされる可能性があります。また，損害を被った施設の復旧等に要する費用が多額に発生する可能性があります。さらに，社会資本や経済基盤に著しい被害が生じた場合には，交通網の混乱や電力の供給不足等が生じ，当社のサプライチェーンや生産活動に困難が生じる可能性があります。また，当社に原材料等を供給するサプライヤーが被害に遭った場合には，原材料等の調達に困難が生じる可能性があり，当社の

(point) **一部分野の競争力不足と通信機器事業の収益不安定が弱みに**

京セラの弱みはコンデンサや水晶デバイス事業の競争力が弱いことや，通信機器事業の収益の変動が大きいことなどが挙げられる。また市場環境での懸念はソーラーシステム市場とスマホの価格下落などがあるが，スマホの低価格が進むと販売台数が増えて電子部品の需要が増えることから，必ずしもネガティブではない。

顧客が被害を受けた場合には，当社の製品の出荷が停滞する可能性があります。このような災害に伴う被害や，その結果生じる経済の停滞や消費の鈍化が当社の財政状態，経営成績及びキャッシュ・フローの状況に影響を及ぼす可能性があります。

（主要な対応策）

　当社は，地震等の自然災害，設備故障及び人為的ミスによる大規模な災害等に対してBCPの体制を整備し，活動を継続しています。具体的には，重要資源である人員，設備，部材，情報について，被害を最小化するための事前対策に加え，万が一被災した場合の早期復旧計画や代替供給策を策定し，教育・訓練を実施することにより，事業中断を回避し，早期に事業再開ができるよう努めています。

　上記以外の主要なリスクは，次のとおりです。

[事業活動に関するリスク]

f. 日本及び世界経済の変動に関するリスク

　当社の製品やサービスは，日本のみならず世界各国で製造，販売しており，それらの国や地域の経済状況によって大きな影響を受ける可能性があります。

　翌連結会計年度は，原材料やエネルギー価格高騰の継続やインフレ懸念等により，先行きが見通しにくい状況です。また，ロシア・ウクライナ紛争の長期化や，米中関係の悪化等の地政学的リスクの高まりが，サプライチェーンを不安定にさせ，世界経済の成長を鈍化させる恐れがあります。

　このような経営環境において，当社の主要市場である半導体，情報通信，自動車関連市場は，AIやIoT，DX等の更なる普及に伴う継続的な市場拡大が見込まれていますが，上記のリスクが顕在化し，想定以上に悪影響を及ぼす場合には，当社の財政状態及び経営成績は，当社の期待を下回る可能性があります。

（主要な対応策）

　このような経営環境の変化に対応するための主な取り組みは次のとおりです。

・当社製品及びサービスの安定供給と，国や地域の経済状況の変化による影響を最小化するため，日本国内や東南アジア地域での設備投資の拡充と生産活動拠点の最適化に努めています。

・適時適切な意思決定を実現するため，最新の需要動向を把握するマーケティング機能を強化しています。

・世界的な金利上昇に伴う借入コストを低減するとともに，戦略投資をタイムリーに実施できる体制を構築するため，保有金融資産を有効活用した銀行借入を実施しています。

g. 為替レートの変動に関するリスク

当社は，国内外で事業を行っているため，為替レートの変動の影響を受けます。為替レートの変動は，常に当社の事業活動の成果や海外資産の価値及び生産コストに影響を与えるため，当社の財政状態，経営成績及びキャッシュ・フローへ影響を及ぼす可能性があるとともに，事業活動の結果について期間ごとに比較することを困難にする場合があります。

また，為替レートの変動は，当社と海外の競合企業が同一市場で販売する製品の価格競争や，当社の事業活動に必要な輸入品の仕入価格にも悪影響を及ぼす場合があります。

（主要な対応策）

当社は，為替レートの変動について，外国為替リスク管理方針に基づき，主に短期の為替予約を行うことにより，この影響の軽減に努めています。また，海外生産拠点における現地での部材調達の促進により，仕入価格における為替リスクの低減を図っています。

h. 当社製品の競合環境に関するリスク

当社は，多種多様な製品を販売しているため，国際的な大企業から，高度に専門化し急成長している比較的小規模な企業まで，競合会社が広範に存在します。当社の競合環境はこれらに限らず，コスト構造等で競争優位性を持つ新興国企業を含め，新たな脅威となる競合他社の出現によって常に変化する可能性があります。特定の事業分野に特化している多くの競合会社と異なり，当社は多角的に事業を展開しているため，個々の事業分野に関しては，競合会社ほど出資や投資を行うことができない可能性があります。当社の競合会社は，財務・技術・マーケティング面での経営資源を当社の個々の事業より多く有している可能性があります。また，競合の要因は事業分野によって異なりますが，価格と納期は当社の全

事業分野において影響を及ぼす主な要因となります。需要や競合の状況によりますが，製品価格の値下げ要求は概して恒常化しているため，今後も製品価格の下落が予想され，その結果，当社の財政状態，経営成績及びキャッシュ・フローの状況に影響を及ぼす可能性があります。

（主要な対応策）

　当社は，素材技術から部品，デバイス・機器，システム・サービスまでの多岐にわたる経営資源を有しています。これらの経営資源を有効活用するため，グループ内の連携強化を図り，高付加価値製品の提供等により，競争優位性の確保に努めています。また，当社が顧客の製品ごとに仕様を合わせた部品を開発・製造・販売している事業においては，顧客の要求に沿った新製品の開発に早く着手することにより，競争力の強化を図っています。さらに，製品価格の下落に対しては，当社独自の経営管理システム「アメーバ経営」の実践を通じた部門別採算管理の徹底により，原価低減を図り，高い競争力の実現に取り組んでいます。

i. 生産活動に使用される原材料の価格変動，サプライヤーの供給能力に関するリスク

　当社の各事業の生産活動に使用される原材料は常に価格変動にさらされているため，原材料価格の上昇や原油高による輸送コストの上昇は当社の製造原価の上昇につながる可能性があります。このような製造原価の上昇が製品の販売価格に転嫁できず，当社の収益性を押し下げる可能性があります。なお，当社は，原材料の正味実現可能価額（通常の事業の過程における見積売価から，完成までに要する原価の見積額及び販売に要するコストの見積額を控除した額）が原価を下回った場合には，正味実現可能価額まで評価減しており，今後も評価減を行う可能性があります。

　また，当社は，生産活動において消費される一部の原材料を特定のサプライヤーに依存しており，これらのサプライヤーに対する需要が過剰な状況となり，当社への供給が不足した場合，当社の生産活動に遅延や混乱を引き起こす可能性があります。このような原材料の供給に重大な遅延があった場合，当社はただちに特定のサプライヤーに代わりうる供給元を確保できない可能性や，合理的な価格で原材料を確保できない可能性があります。このような価格上昇や原材料の供給停

止は，当社の製品の需要を押し下げる可能性があります。

（主要な対応策）

　当社は，購買活動にあたり，「購買基本方針」を定め，会社概況やCSRに関する各種調査を通じて信頼のおける供給業者を選定するとともに，複数社からの購買を基本方針としており，安定的かつ適正価格での調達に努めています。

　昨今の原材料費やエネルギー価格の高騰を受け，当社はサプライヤーからの適正な価格転嫁について協議するとともに，顧客に対して適正価格転嫁交渉を行っています。また，当社は多岐にわたる事業を有していることから，原材料や部材の調達において，スケールメリットを活かした価格交渉力の向上を図るとともに，各事業で原価低減にも取り組んでいます。

　さらに，当社は，素材・部品からデバイス，機器，システム，サービスに至るまで事業を展開していることから，各事業で使用する部材や部品の一部をグループ内で調達しています。これにより，外部から調達している部材，部品を確保できない場合，グループ内での調達に切り替えるなどの対応を検討することが可能です。

j. 外部委託先や社内工程における製造の遅延または不良の発生に関するリスク

　当社は，部品の製造や製品の組立の一部を単一もしくは限られた数社の取引先に外部委託しています。その中には非常に複雑な製造工程や長い製造時間を必要とする取引先も存在するため，部品や組立品の供給が遅滞する場合があります。また，このような部品や組立品が高い品質や信頼性を欠き，かつ適時に納入されない場合には，関連する製品の生産に重大な影響を及ぼし，当社の生産活動の遅延や中断が生じる場合があります。さらに，当社の製造工程においては，製品への微小不純物の混入や製造工程の問題等の発生によって製品が納品できない状態になる場合や規格外となる場合があります。こうした要因によって生産高が計画を下回る，あるいは製品の出荷が遅れる，損害賠償請求を受ける等，業績に重大な影響を与える場合があります。これらのリスクに加え，製造原価に占める固定費の割合が高い事業においては，生産数量や設備稼働率の低下が当社の財政状態，経営成績及びキャッシュ・フローの状況に影響を及ぼす可能性があります。

（主要な対応策）

　当社は，外部委託先の選定にあたり「購買基本方針」を定め，十分な検討の上，委託先を選定しています。また，当社では，社内で確立した製造工程について，原材料・部品等を支給し，設備及び製造仕様書を委託先に貸与することにより，当社と同じ生産管理や品質マネジメントシステムのもと，顧客への納期及び品質要求に対応しています。また，社内においては，データサイエンスを用いた品質改善や，AIやロボットを活用した生産性改善活動を継続的に実施し，リスクの低減に努めています。

k．生産能力及び開発体制の拡大，もしくは現在進行中の研究開発が期待される成果を生み出さないリスク

　当社は，需要の増加や顧客の要求に対応するため，常に生産及び開発能力の拡大に努めています。こうした生産及び開発能力の拡大を図る際に，予期せぬ技術的な障害や顧客の方針転換等により，計画どおりに拡大できない場合，新たに生産された製品や開発された技術から期待された成果が得られない可能性があります。また，当社で現在進行中の研究開発活動から生まれる製品が，市場において期待された評価を得られない可能性もあります。

（主要な対応策）

　当社は，顧客及び市場の動向を注視し，開発，製造，営業，マーケティング活動をグローバルに展開することにより，変化の速い市場環境への対応に向けて研究開発の強化を図っています。当社は，研究開発体制を材料，デバイス，ソリューション，生産技術の4分野に編成し，グループ内外の経営リソースの一層の活用による開発力の強化及びスピードアップ，並びに人材育成に努め，事業領域の拡大を図っています。

l．買収した会社や取得した資産から期待される成果や事業機会が得られないリスク

　当社は，事業を発展させるため，買収による会社または資産の取得を検討しており，実際にそれらを取得することがあります。しかしながら，取得後，被買収会社の事業や製品並びに人材を当社が効果的に当社の既存事業に統合できない可能性や，買収による事業上の成果や財政上の利益または新しい事業機会を当社が

期待する程は得られない可能性があります。また，被買収会社による製品の製造やサービスの提供が，当社が計画したとおり効率的に実施できない可能性や，被買収会社の製品やサービスの需要が当社の期待に達しない可能性があります。従って，買収によって取得した会社や資産を期待どおりに活用できない場合，当社の事業に重大な影響を及ぼす可能性があり，これらの資産が減損していると判断される場合には，当該資産の帳簿価額が回収可能価額を超過している金額に基づいて減損損失を計上するため，当社の財政状態及び経営成績に影響を及ぼす可能性があります。また，他社や学術機関，政府機関等との協業においても，上記と同様の影響を受ける可能性があります。

（主要な対応策）

　当社は，企業買収・資産取得・協業等の投資意思決定においては，その効果を合理的かつ保守的に見積もった事業計画について，社外専門家による事業価値のレビューを踏まえ，機関決定の場で慎重に審議しています。取得後においては，PMI（Post Merger Integration）を進め，事業計画に対する実績達成度をモニタリングし，都度適切な施策を実行して損失リスク発生の回避に努めています。

m.　感染症の発生，テロ行為，または紛争等が当社の市場やサプライチェーンに混乱を与えるリスク

　当社は，グローバルに事業を拡大していることに伴い，感染症の発生，テロ行為，または戦争・紛争等の事態に巻き込まれるリスクがあります。このような事態においては，開発・製造・販売・サービス等の事業活動の中断，混乱または延期等が生じる可能性があります。また，当社の市場やサプライチェーンに支障をきたす可能性もあります。このような状況が長期間続いた場合には，当社の財政状態，経営成績及びキャッシュ・フローの状況に影響を及ぼす可能性があります。

（主要な対応策）

　当社は，危険性が高い感染症については，社内規程に基づき対策を策定し，感染防止に努めています。なお，新型コロナウイルス感染症については，政府指針等に基づき感染防止対策を講じています。また，ロシアのウクライナ侵攻に関するリスクについては，本社に対策本部を設置し，刻々と変化する状況を注視するとともに，グループの重要情報の一元化を図り，対応が求められる事案を協議し

ています。

[法規制・訴訟に関するリスク]
n. 当社の企業秘密や知的財産・ブランド価値に関するリスク

　当社が将来にわたり発展し，市場競争において優位な地位を確立・維持するためには，当社の企業秘密やその他の知的財産を守らなければなりません。当社の企業秘密を保有する従業員，ジョイント・ベンチャー等のパートナー，顧客，社外委託業者等が当社の企業秘密を不適切に漏洩した場合，もしくは当社が知的財産権を取得している独自開発製品・工程が他社によって侵害された場合，あるいは当社のブランド価値を毀損するような模倣品が販売された場合，当社の財政状態，経営成績及びキャッシュ・フローの状況に影響を及ぼす可能性があります。また，当社は戦略的に知的財産を出願していますが，こうした出願が登録されない可能性があり，また登録されても無効にされる可能性，あるいは登録された当社の知的財産権を回避される可能性もあります。

（主要な対応策）

　当社は，企業秘密を守るために従業員，ジョイント・ベンチャー等のパートナー，顧客，社外委託業者等と秘密保持契約を締結しています。当社が独自に開発した製品や工程については，国内外において知的財産権を取得し，侵害者の排除に努めています。また，当社の知的財産については，先行調査を十分に実施した上で出願を行うことにより，登録可能性を高めるとともに，様々な観点から当該事業分野や製品を戦略的に網羅する複数の強い知的財産権を取得し，これらの知的財産を活用することで事業に貢献する活動を行っています。さらに当社のブランド価値の維持向上を図るため，知的財産権を活用した模倣品の摘発を行っています。

o. 当社製品の製造・販売を続ける上で必要なライセンスに関するリスク

　当社はこれまでに，第三者より知的財産権を侵害しているとの通知を受けたことや，知的財産権の実施許諾についての対価請求の申し出を受けたことがあり，今後も同様の事例が発生する可能性があります。特に通信技術に関連する製品では，第三者の標準必須特許に対する高額の実施許諾料の支払いを要求される可能

性があります。従って当社は，以下のことを保証することはできません。

- ・侵害の申し立て（または侵害の申し立てに起因する賠償請求）が当社に対して行われることはないということ。
- ・侵害の申し立てがあった場合，製品販売の差止命令を受ける事態が発生しないということ，及び，差止命令によって当社事業の業績が大きく損なわれる事態が発生しないということ。
- ・当社の事業活動に悪影響を及ぼす高額の実施許諾料の支払いを要求されないこと。

（主要な対応策）

当社は，新技術・新製品を開発する際には，事前に第三者の知的財産権を調査して，知的財産リスクの低減に取り組んだ上で事業を行うように努めています。それでも第三者から侵害の申し立てがあった場合は，誠実に対応を行い，必要に応じて適正な和解金や実施許諾料を支払うことで解決を図ります。

p. コンプライアンスに関するリスク

当社は，「人間として何が正しいか」を物事の判断基準とする経営哲学「京セラフィロソフィ」をベースにコンプライアンスの徹底に努めています。しかしながら，このような徹底が十分になされず，法令違反や社会規範に反した行動が発生した場合，信用失墜による顧客からの取引停止，罰則金の支払い，損害賠償請求等により，当社の財政状態，経営成績及びキャッシュ・フローの状況に影響を及ぼす可能性があります。

（主要な対応策）

当社は，コンプライアンス活動が社是や京セラフィロソフィの延長にある重要な活動であることを理解するとともに，各国の関連法令の遵守がステークホルダーの信頼にもつながる極めて重要な活動であることを理解し，専門部署であるグローバルコンプライアンス推進部の設置や「京セラコンプライアンス憲章」の制定等，コンプライアンス活動に積極的に取り組んでいます。また，各法令の主管部門による法令遵守体制の構築や管理，新規法令の施行時や法令改正時の社内連絡体制の構築，内部通報制度の導入，定期的な法令監査の実施，全従業員のコンプライアンス意識の向上に資する施策に重点的に取り組むコンプライアンス月間の制

(point) **財政状態，経営成績及びキャッシュ・フローの状況の分析**

「事業等の概要」の内容などをこの項目で詳しく説明している場合があるため，この項目も非常に重要。自社が事業を行っている市場は今後も成長するのか，それは世界のどの地域なのか，今社会の流れはどうなっていて，それに対して売上を伸ばすために何をしているのか，収益を左右する費用はなにか，などとても有益な情報が多い。

定，役員や従業員に対する定期的なコンプライアンス教育等により，法令を遵守し，社会規範に則った企業活動の徹底を図っています。さらに，グローバルにリスクを察知・共有することを目的に，国内外の主要なグループ会社の法務・コンプライアンス・知的財産部門の責任者が参加する「グローバル会議」を定期的に開催し，各社のコンプライアンス活動及び法的な課題・対策に関して議論を行っています。

q. 環境に関連する費用負担や損害賠償責任が発生するリスク

当社は，温室効果ガス削減，大気汚染，土壌汚染，水質汚濁の防止，有害物質の除去，廃棄物処理，製品リサイクル，従業員や地域住民の健康，安全及び財産保全，さらに当社の製品における使用物質の適切な表示等に関する国内外の様々な環境関連法令の適用を受けています。このような環境関連法令は，当社の現在の事業活動だけでなく，当社の過去の事業活動や，当社が買収等により他社から承継した事業の過去の活動に対しても適用される可能性があります。当社は，環境関連法令により当社に生じる義務に基づく債務について，その発生の可能性が高く，かつ，その金額を合理的に見積ることができる場合には引当金を計上します。仮に，当社の環境関連法令の義務違反等が判明した場合には，規制当局から浄化費用の支払いを命じられる可能性や損害賠償責任を負う可能性があります。また，当社が任意で環境問題に取り組む必要があると判断した場合にも，環境浄化費用の負担や補償金の支払いを行う可能性があります。これらの環境に関連する費用負担や損害賠償責任は，当社の財政状態，経営成績及びキャッシュ・フローの状況に影響を及ぼす可能性があります。

（主要な対応策）

当社は，事業活動にあたり，経営理念を基本とした環境安全に関する総合的な取り組みを推進するため，製品のライフサイクルを通した環境負荷の低減，バリューチェーン全体での温室効果ガス排出量の抑制等，「京セラグループ環境安全方針」を制定し，環境関連法の遵守を徹底するとともに，規制の変更等への適切な把握，対応に努めています。

r. 世界的な気候変動に関するリスク

当社に適用される環境関連法令が，世界的な気候変動等により，将来さらに厳

しくなる可能性や適用の範囲が拡大される可能性があります。対応の不足や遅れにより，想定外の急速な脱炭素社会への移行に対応できず，コストの増加や企業ブランドの低下を招くリスクがあります。

脱炭素社会への移行リスクについては，各国で更新された排出量削減目標が当社の目標より高い場合や，新たに炭素税が導入された場合，当社の製造コストが一時的に増加する可能性があります。また，顧客より製品のカーボンフリー化の要求が拡大した場合，当社の製造コストが増加する可能性があります。一方，社会の脱炭素化の動きは，当社のエネルギー関連事業の成長につながる機会として捉えることができます。物理リスクでは，異常気象が激甚化した場合，自然災害による操業停止，生産減少，設備復旧等に係るコストや，自然災害対策費用並びに保険料等が増加する可能性があります。また，水不足等により生産が減少する可能性があります。

（主要な対応策）

当社は，気候変動問題を重要な経営課題の一つとして位置付け，代表取締役社長を委員長とする京セラグループサステナビリティ委員会において，長期環境目標の決定やその達成に向けた対策等について審議を行っています。

また当社は，エネルギー関連事業を推進し，再生可能エネルギーの普及を図るとともに，太陽光発電システムと蓄電池を統合運用することで，再生可能エネルギー比率を高め，温室効果ガス排出量の削減に努めています。また，製造工程での省エネルギー化を進めることにより，エネルギー使用量の削減に取り組んでいます。

なお，当社グループの長期環境目標については，「2. サステナビリティに関する考え方及び取組（1）気候変動への対応 d. 指標及び目標」を参照ください。

[財務会計に関するリスク]

s. 当社の顧客の財政状態が悪化し，売掛債権が回収困難となるリスク

当社は，売掛債権について，顧客が期日までに返済する能力があるか否かを考慮し，回収不能額を見積った上で貸倒引当金を計上しています。しかしながら，通常の営業取引において当社の売掛債権は，担保物件や信用保証により，すべて

(point) **不運だった米子会社AVXの環境問題**

AVXは，環境汚染で米当局に3.66億ドルを支払っている。AVXの前身であるAerovox社の工場を引き継いで汚染を引き起こした企業はすでに消滅しており，AVXに直接的責任はない。しかし，米国当局はAVXに行政命令を発令し，ニューベットフォード湾の浄化の方針決定，浄化作業とその維持管理の実施を命じた。京セラにとっては不運と言える。

は保全されていません。従って，経済環境の悪化等に伴い，顧客に対する売掛債権の回収が困難となり，保全されていない多額の債権が発生した場合，当社の財政状態，経営成績及びキャッシュ・フローの状況に影響を及ぼす可能性があります。

（主要な対応策）

　当社は，与信管理規程に基づき，取引先ごとに回収条件・与信限度額を設定し，定期的に与信の見直しを行っています。また，回収期限を日次で管理しており，回収遅延や信用不安が発生した場合は，個別に債権回収，条件変更，担保・保証の入手等の債権保全策を講じ，貸倒リスクの回避に努めています。

t. 当社が保有する投資有価証券及びその他の投資に関するリスク

　当社は，取引関係の維持及び株式保有による収益獲得を通じた企業成長，並びに企業の社会的意義等を踏まえ，中長期的に当社の企業価値を向上させるという視点に立ち，当社の関係会社以外の資本性証券に投資しています。その主たる投資は日本の通信サービス・プロバイダーであるKDDI（株）の株式への投資です。当社は，第二電電（株）（現KDDI（株））を設立して以来同社株式を保有しており，2023年3月31日現在の保有比率はKDDI（株）の発行済株式の14.55％となっています。KDDI（株）の事業発展に伴い同社株式の価値が増加した結果，同社株式への投資は当社の総資産の約30％を占めており，KDDI（株）の株式の市場価格の変動は，当社の財政状態に重要な影響を及ぼす可能性があります。

（主要な対応策）

　当社は，KDDI（株）の株式については，経済合理性及び当社の中長期的な企業価値向上に向けた同社との戦略的連携の追求，並びに当社の持続的成長に必要となる投資資金の調達に活用しています。

　なお，当該株式を含むすべての資本性金融商品の一部である政策保有株式については，毎年の保有に係る検証の結果，保有意義がないと判断された場合，適宜縮減を進めています。また，保有株式の株価変動が当社の財政状態に重要な影響を及ぼす可能性を察知するため，定期的に株価のモニタリングを行っています。なお，当社は，政策保有株式の更なる縮減に向けて，当面の縮減目標を「2026年3月期までに簿価の5％以上を縮減すること」としています。

u. 有形固定資産，のれん並びに無形資産の減損処理に関するリスク

当社は，多くの有形固定資産，のれん並びに無形資産を保有しています。有形固定資産及び償却性無形資産については，帳簿価額を回収できない可能性を示す事象が発生した時点，もしくは状況が変化した時点で減損の判定を行っています。また，のれん及び耐用年数が確定できない無形資産は償却をせず，年1回及び減損の可能性を示す事象が発生または状況が変化した時点で減損の判定を行っています。これらの資産が減損していると判断された場合には，当該資産の帳簿価額が回収可能価額を超過している金額に基づいて減損損失を計上するため，当社の財政状態及び経営成績に影響を及ぼす可能性があります。

（主要な対応策）

当社は，「I. 買収した会社や取得した資産から期待される成果や事業機会が得られないリスク」に記載のとおり，企業買収・資産取得・協業等の投資意思決定においては，その効果を合理的かつ保守的に見積もった事業計画について社外専門家のレビューを踏まえ，機関決定の場で慎重に審議しています。また，取得後においては，PMIを進め，事業計画に対する実績達成度をモニタリングし，都度適切な施策を実行して損失リスク発生の回避に努めています。

v. 法人所得税等に関するリスク

当社は，繰延税金資産について，将来の課税所得に対して利用できる可能性が高いものに限り認識しています。仮に将来の市場環境や経営成績の悪化により将来の課税所得が見込みを下回る場合は，繰延税金資産の金額が大きく変動する可能性があります。また当社は，税務調査を受けることを前提に税務上認識された不確実な税務ポジションについて，発生の可能性が高いと判断した場合，当該部分を不確実な税務ポジションとして負債に計上しています。

なお，法人所得税における不確実性に関する会計処理の金額と将来の税務当局との解決による金額は異なる可能性があります。

また，移転価格税制・タックスヘイブン対策税制等に関する予期できない法律・規制の変更等のリスクに直面する可能性があります。

（主要な対応策）

当社は，子会社が立案する年間事業計画について，達成度を適時確認し，都度

適切な施策を実行することで，繰延税金資産の回収可能性に変更が生じないよう努めています。また，各国における税制変更及び税務調査に対しては，社外専門家を利用し，リスクの最小化に努めています。海外の税制については，税務情報を適時適切に提出することにより各国の税務当局と信頼関係を築き，必要に応じて事前照会を実施することで税務リスク低減に努めています。特に，グループ内の国際間取引については，OECD移転価格ガイドラインに従った独立企業間価格に基づいた取引を行うとともに，税務当局との事前確認制度を活用し，適正な納税に努めています。また，過度な節税を目的とする低税率国・地域（いわゆるタックスヘイブン地域）への税源の移転を防止し，各国の税制に従い適正な申告納税に努めています。

w. 会計基準の変更が財政状態及び経営成績に悪影響を及ぼすリスク

新会計基準もしくは会計基準の変更は，当社の財政状態及び経営成績に影響を及ぼす可能性があります。また，会計基準の変更に対応するために，会計ソフトウェアもしくは情報システムを変更した場合には，一定の投資もしくは費用が必要となります。

（主要な対応策）

当社は，IFRSを連結財務諸表等に適用しているため，IFRSに適切に対応するための部門を設置するとともに，国際会計基準審議会が公表する基準書や解釈指針等を随時入手し，新会計基準に対応できる体制を整えています。会計基準の変更時には，財政状態及び経営成績に及ぼす影響を把握した上で適切に開示します。さらに，会計基準の変更に際して，有効な財務報告に係る内部統制を構築するために一定の投資額は必要となりますが，変更内容を適切に把握した上で投資の要否を決定します。

4 経営者による財政状態，経営成績及びキャッシュ・フローの状況の分析

（1） 業績等の概要 ···

当連結会計年度は，世界情勢の不透明感の高まりやインフレの進展に加え，各国での利上げや大幅な円安の進行等，不安定な経済環境が継続し，景気減速感が高まりました。当社の主要市場においては，スマートフォン市場での需要が減速

(point) **高いシェアと利益率を誇るセラミックパッケージ**

京セラの各事業の収益性は高く，携帯端末事業を除けば大きな課題は見当たらない。半導体部品に含まれるセラミックパッケージが代表例で，ニッチな市場ながらグローバルでのシェアは8割を超え，事業利益率は高い。各事業の収益拡大は今後も見込まれるが，個々の規模が小さく，全社の業績を大きく変化させるほどではない。

したことに加え，これまで堅調に推移してきた半導体関連市場においても汎用品を中心に調整感が強まりました。

　このような経営環境の中，当社の売上高は，スマートフォン向け部品の需要減の影響を受けたものの，高水準の需要が継続した先端半導体向け部品の増産に加え，ドキュメントソリューション事業及び機械工具事業等での販売の増加，並びに円安による効果もあり，かねてより目標としてきた売上高2兆円を達成しました。

　一方，利益は，増収及び円安による効果はあったものの，原材料及びエネルギーの価格や物流コスト等の高騰及びコミュニケーション事業の大幅な売上減を主因に減少しました。加えて，一時的な費用として，訴訟関連費用，年金債務に係る追加費用，並びに構造改革費用等の合計約190億円を計上したこともあり，営業利益，税引前利益，親会社の所有者に帰属する当期利益のいずれも減少しました。

（百万円）

	前連結会計年度 （自　2021年 4月 1日 至　2022年 3月31日）		当連結会計年度 （自　2022年 4月 1日 至　2023年 3月31日）		増　減	
	金　額	売上高比 （％）	金　額	売上高比 （％）	増減金額	増減率 （％）
売上高	1,838,938	100.0	2,025,332	100.0	186,394	10.1
営業利益	148,910	8.1	128,517	6.3	△20,393	△13.7
税引前利益	198,947	10.8	176,192	8.7	△22,755	△11.4
親会社の所有者に帰属する当期利益	148,414	8.1	127,988	6.3	△20,426	△13.8
米ドル平均為替レート　　　　（円）	112	—	135	—	—	—
ユーロ平均為替レート　　　　（円）	131	—	141	—	—	—

(2)　財政状態及び経営成績の状況

a．売上高

　当連結会計年度の売上高は2,025,332百万円となり，前連結会計年度の1,838,938百万円と比較し，186,394百万円（10.1％）増加しました。

　スマートフォン向け部品の需要減の影響を受けたものの，高水準の需要が継続した先端半導体向け部品の増産に加え，ドキュメントソリューション事業及び機械工具事業等での販売の増加，並びに円安による効果もあり，前連結会計

年度に比べ増収となりました。

b. 売上原価及び売上総利益

当連結会計年度の売上原価は1,460,388百万円となり，前連結会計年度の1,325,295百万円と比較し，135,093百万円（10.2%）増加しました。

売上原価の主な内訳は，原材料費が前連結会計年度の490,831百万円から25,341百万円（5.2%）増加の516,172百万円となり全体の35.3%を占め，人件費が前連結会計年度の278,422百万円から16,658百万円（6.0%）増加の295,080百万円となり全体の20.2%を占めています。また，減価償却費は前連結会計年度の80,256百万円から15,375百万円（19.2%）増加の95,631百万円となり全体の6.5%を占めています。

この結果，当連結会計年度の売上総利益は564,944百万円となり，前連結会計年度の513,643百万円と比較し，51,301百万円（10.0%）増加しました。当連結会計年度の売上総利益率は前連結会計年度と横ばいの27.9%となりました。

c. 販売費及び一般管理費，営業利益

当連結会計年度の販売費及び一般管理費は436,427百万円となり，前連結会計年度の364,733百万円と比較し，71,694百万円（19.7%）増加しました。これは主に，円安の影響や人件費の増加，並びに旅費等の諸経費の増加に加え，一時的な費用として訴訟関連費用，年金債務に係る追加費用を計上したことによるものです。

当連結会計年度の販売費及び一般管理費の主な内訳は，人件費が前連結会計年度の207,411百万円から32,047百万円（15.5%）増加の239,458百万円となり全体の54.9%を占め，販売費及び広告宣伝費が前連結会計年度の42,554百万円から7,101百万円（16.7%）増加の49,655百万円となり全体の11.4%を占めています。また，減価償却費は前連結会計年度の37,420百万円から8,512百万円（22.7%）増加の45,932百万円となり全体の10.5%を占めています。

この結果，当連結会計年度の営業利益は128,517百万円となり，前連結会計年度の148,910百万円と比較し，20,393百万円（13.7%）減少しました。

当連結会計年度の営業利益率は前連結会計年度の8.1％から1.8ポイント減少し，6.3％となりました。

d. 金融収益

当連結会計年度の金融収益は52,289百万円となり，前連結会計年度の45,208百万円と比較し，7,081百万円（15.7％）増加しました。これは主に，KDDI（株）からの受取配当金及び当社の受取利息が増加したことによるものです。

e. 金融費用

当連結会計年度の金融費用は3,594百万円となり，前連結会計年度の2,750百万円と比較し，844百万円（30.7％）増加しました。

f. 為替換算差損益

当連結会計年度の平均為替レートは，対米ドルは前連結会計年度に比べ23円（20.5％）円安の135円，対ユーロは10円（7.6％）円安の141円となりました。また，当連結会計年度末の為替レートは，対米ドルは前連結会計年度末に比べ12円（9.8％）円安の134円，対ユーロは9円（6.6％）円安の146円となりました。なお，当連結会計年度の為替換算差損益は4,651百万円の損失となりました。

当社では，外貨建の債権債務に係る為替変動リスクの低減を図るために，主に先物為替予約を利用しています。当社は，先物為替予約については，外国為替レートの変動をヘッジする目的に限定して利用しており，トレーディング目的のための先物為替予約は行っていません。

g. 持分法による投資損益

当連結会計年度の持分法による投資損益は695百万円の利益となり，前連結会計年度の807百万円の損失と比較し，1,502百万円増加しました。

h. 税引前利益

当連結会計年度の税引前利益は176,192百万円となり，前連結会計年度の198,947百万円と比較し，22,755百万円（11.4％）減少しました。当連結会計年度の税引前利益率は前連結会計年度の10.8％から2.1ポイント減少し，8.7％となりました。

（point） **環境・エネルギー・医療分野の研究開発に注力**

研究開発での力を入れているのが「環境・エネルギー・医療」だ。燃料電池は徐々に成果が出つつある。また発電システムと蓄電池を組み合わせたシステムも推進している。医療については人工骨だけではなく更に領域を広げていくことが期待される。

増収及び円安による効果はあったものの，原材料及びエネルギー価格や物流コスト等の高騰及びコミュニケーション事業の大幅な売上減を主因に減少しました。加えて，一時的な費用として，訴訟関連費用，年金債務に係る追加費用，並びに構造改革費用等の合計約190億円を計上したこともあり，前連結会計年度に比べ減益となりました。

i. 法人所得税費用

当連結会計年度の法人所得税費用は45,227百万円（実効税率25.7％）となり，前連結会計年度の46,911百万円（実効税率23.6％）と比較し，1,684百万円（3.6％）減少しました。法人所得税費用は，税引前利益の減少を主因に前連結会計年度に比べ減少しました。一方，実効税率は，前連結会計年度に認識した，当社の米国子会社が過去に計上した一時的な税金費用に対する還付の影響がなくなったことを主因に，前連結会計年度に比べ2.1ポイントの上昇となりました。

j. 非支配持分に帰属する当期利益

当連結会計年度の非支配持分に帰属する当期利益は2,977百万円となり，前連結会計年度の3,622百万円と比較し，645百万円（17.8％）減少しました。

k. レポーティングセグメント別営業概況

コアコンポーネント

当連結会計年度の売上高は592,376百万円となり，前連結会計年度の527,933百万円と比較し，64,443百万円（12.2％）増加しました。半導体関連部品事業における情報通信インフラ市場向け有機基板及び産業・車載用部品事業における半導体製造装置用ファインセラミック部品等の高付加価値製品の売上増を主因に増収となりました。

事業利益は89,475百万円となり，前連結会計年度の61,640百万円に比べ27,835百万円（45.2％）増加し，事業利益率は15.1％となりました。継続的に実施しているセラミックパッケージ及び有機基板等の生産能力増強を目的とした設備投資に伴い，減価償却費は9,222百万円増加したものの，増収に加え円安の効果もあり，大幅な増益となりました。

電子部品

　当連結会計年度の売上高は378,536百万円となり，前連結会計年度の339,102百万円と比較し，39,434百万円（11.6%）増加しました。産業機器市場及び自動車関連市場向けを中心にセラミックコンデンサ等の需要が増加したことに加え，円安の効果もあり増収となりました。

　事業利益は44,064百万円となり，前連結会計年度の47,896百万円に比べ3,832百万円（8.0%）減少し，事業利益率は11.6%となりました。原材料等の価格高騰の影響やスマートフォン向け部品の需要が減速したことに加え，KAVXにおいて年金債務に係る追加費用等約30億円を計上したことから減益となりました。

ソリューション

　当連結会計年度の売上高は1,068,597百万円となり，前連結会計年度の983,689百万円と比較し，84,908百万円（8.6%）増加しました。ドキュメントソリューション事業及び機械工具事業における主要製品の販売増加や円安の効果もあり，増収となりました。

　事業利益は42,239百万円となり，前連結会計年度の68,730百万円に比べ26,491百万円（38.5%）減少し，事業利益率は4.0%となりました。コミュニケーション事業における携帯電話端末の販売台数の大幅な減少に加え，構造改革に伴う在庫評価減等約80億円の一時的な費用の計上並びに各事業における原材料及びエネルギーの価格や物流コスト等の高騰の影響を受けたことから，減益となりました。

レポーティングセグメント別売上高

(百万円)

	前連結会計年度 金額	前連結会計年度 構成比(%)	当連結会計年度 金額	当連結会計年度 構成比(%)	増減 増減金額	増減 増減率(%)
コアコンポーネント	527,933	28.7	592,376	29.2	64,443	12.2
産業・車載用部品	172,908	9.4	199,194	9.8	26,286	15.2
半導体関連部品	327,746	17.8	364,579	18.0	36,833	11.2
その他	27,279	1.5	28,603	1.4	1,324	4.9
電子部品	339,102	18.4	378,536	18.7	39,434	11.6
ソリューション	983,689	53.5	1,068,597	52.8	84,908	8.6
機械工具	251,062	13.7	308,406	15.2	57,344	22.8
ドキュメントソリューション	366,691	19.9	434,914	21.5	68,223	18.6
コミュニケーション	262,306	14.3	207,793	10.3	△54,513	△20.8
その他	103,630	5.6	117,484	5.8	13,854	13.4
その他の事業	17,817	1.0	23,403	1.2	5,586	31.4
調整及び消去	△29,603	△1.6	△37,580	△1.9	△7,977	—
売上高	1,838,938	100.0	2,025,332	100.0	186,394	10.1

レポーティングセグメント別税引前利益 (△損失)

(百万円)

	前連結会計年度 金額	前連結会計年度 売上高比(%)	当連結会計年度 金額	当連結会計年度 売上高比(%)	増減 増減金額	増減 増減率(%)
コアコンポーネント	61,640	11.7	89,475	15.1	27,835	45.2
産業・車載用部品	19,872	11.5	24,743	12.4	4,871	24.5
半導体関連部品	44,239	13.5	67,702	18.6	23,463	53.0
その他	△2,471	—	△2,970	—	△499	—
電子部品	47,896	14.1	44,064	11.6	△3,832	△8.0
ソリューション	68,730	7.0	42,239	4.0	△26,491	△38.5
機械工具	27,211	10.8	23,279	7.5	△3,932	△14.5
ドキュメントソリューション	33,334	9.1	33,706	7.8	372	1.1
コミュニケーション	15,288	5.8	△11,729	—	△27,017	—
その他	△7,103	—	△3,017	—	4,086	—
その他の事業	△14,649	—	△28,795	—	△14,146	—
事業利益計	163,617	8.9	146,983	7.3	△16,634	△10.2
本社部門損益等	35,330	—	29,209	—	△6,121	△17.3
税引前利益	198,947	10.8	176,192	8.7	△22,755	△11.4

(point) 長い開発の歴史と高信頼性を持つソーラー関連事業

京セラのソーラー関連事業は創業者の稲盛和夫名誉会長の下，1975年に研究開発を開始，1982年に世界初の多結晶シリコン型セルを使用したモジュールの量産化に成功。1984年に佐倉工場を立ち上げエネルギーセンターとして連続運転を開始，28年経過した現在でも稼動を継続中。長い開発の歴史と実証実験に裏打ちされた高信頼性が特徴。

l．本社部門損益等

本社部門損益は，金融資産に係る収益や，各セグメントに対して本社部門から提供される経営管理サービスに伴う収入等から構成されます。

当連結会計年度は29,209百万円の収益となり，前連結会計年度の35,330百万円の収益と比較し，6,121百万円（17.3％）減少しました。KDDI（株）からの受取配当金が増加した一方で，一時的な費用として，訴訟関連費用を計上したことことに加え，前連結会計年度に計上した関係会社の清算に伴う収益の影響がなくなったこともあり，減益となりました。

m．生産，受注及び販売の実績

レポーティングセグメント別売上高

（百万円）

	前連結会計年度		当連結会計年度		増減率（％）
	金額	構成比（%）	金額	構成比（%）	
コアコンポーネント	529,418	28.4	569,818	28.7	7.6
産業・車載用部品	181,780	9.8	202,834	10.2	11.6
半導体関連部品	320,360	17.2	338,400	17.1	5.6
その他	27,278	1.4	28,584	1.4	4.8
電子部品	360,848	19.4	364,508	18.4	1.0
ソリューション	981,608	52.8	1,065,524	53.7	8.5
機械工具	254,068	13.7	309,695	15.6	21.9
ドキュメントソリューション	365,986	19.7	433,599	21.8	18.5
コミュニケーション	253,880	13.6	209,838	10.6	△17.3
その他	107,674	5.8	112,392	5.7	4.4
その他の事業	18,638	1.0	19,326	1.0	3.7
調整及び消去	△30,214	△1.6	△35,909	△1.8	－
受注高	1,860,298	100.0	1,983,267	100.0	6.6

（注）当社は，需要の増加や顧客の要求，市場の変化等に柔軟に対応して生産活動を行っており，生産実績は販売実績に類似しています。このため，生産及び販売の実績は「k．レポーティングセグメント別営業概況」に関連付けて示しています。

（3）　流動性及び資金の源泉 ···

a．資金の源泉

＜当連結会計年度末の資金の状況＞

　　当社の主な資金の源泉は，営業活動によって獲得した現金です。当連結会計年度の営業活動によるキャッシュ・フローは179,212百万円であり，当連結会計年度末において現金及び現金同等物を373,500百万円保有しています。うち海外の連結子会社の保有する現金及び現金同等物は，当連結会計年度末において221,874百万円になりますが，当社での使用を目的として，これらを当社へ還流することは現時点において想定していません。

　　また，当社は将来の更なる成長に向けた投資のために金融機関からの借入も実施しています。当連結会計年度末の借入金残高は136,786百万円（総資産に対し3.3%）であり，主として円建です。

　　当連結会計年度末の運転資本（流動資産から流動負債を控除した金額）は896,238百万円であり，自己資本比率（親会社の所有者に帰属する持分比率）は73.9%と，引き続き強固な財務体質を保っています。

　　このように強固な財務体質を維持していることに加え，一部の借入には資金調達コストの引き下げを目的として，当社が保有するKDDI（株）の株式の一部を担保に設定していることから，比較的低いコストで資金を調達しています。なお，借入金の詳細は「第5　経理の状況　1　連結財務諸表等（1）連結財務諸表　注記19. 借入金」を参照ください。

＜当連結会計年度の資金需要＞

　　当社の当連結会計年度における主な資金需要は，営業活動上の運転資金に加えて，設備投資及び研究開発のための資金，並びに配当金の支払等となりました。

　　当連結会計年度の設備投資額は，前連結会計年度の151,771百万円と比較し，22,130百万円(14.6%)増加し，173,901百万円となりました。主にコアコンポーネントセグメント及び電子部品セグメントにおいて生産能力拡大のため積極的な設備投資を進めたことに加え，研究開発体制の強化を目的に新たな研究開発施設を開設したことに伴い，設備投資額が前連結会計年度に比べ増加しました。研究開発費は，前連結会計年度の84,123百万円と比較し，10,154百万円（12.1%）

増加し，94,277百万円となりました。

　また，当社は，当連結会計年度において1株当たり190円，総額68,192百万円の配当金の支払いを行いました。

　当社は，当連結会計年度においてこれらの設備投資，研究開発並びに配当金の支払等の原資について，自己資金及び金融機関からの借入で賄いました。

＜翌連結会計年度の資金需要＞

　当社は，翌連結会計年度における主な資金需要として，営業活動上の運転資金に加えて，設備投資及び研究開発のための資金や配当金の支払，自己株式の取得等を見込んでいます。

　翌連結会計年度においては，275,000百万円の設備投資と115,000百万円の研究開発費を予定しており，これらの売上高に対する割合については，当連結会計年度に比べて増加する見通しです。設備投資額は，5Gや半導体関連市場向け部品等の高需要部品への増産投資を中心として，当連結会計年度に比べて大幅に増加する見通しです。また，研究開発費についても，事業拡大に向けて新技術・新製品開発の強化を継続する考えであり，当連結会計年度に比べて増加する見通しです。なお，設備の発注契約を含め，当社の契約債務の詳細については後述の「d．契約債務」を参照ください。

　配当金の支払については，2023年6月27日に開催された当社の定時株主総会において承認されており，1株当たり100円，総額35,891百万円の期末配当を実施します。

　また当社は，2023年5月15日に開催された取締役会において，株主還元の一環並びに機動的な資本戦略への準備として，自己株式の取得に係る事項について決議しました。詳細は，「第4　提出会社の状況　2　自己株式の取得等の状況（2）取締役会決議による取得の状況」を参照ください。

　当社は，これらの資金需要については，営業活動等で獲得した自己資金に加え，金融機関からの借入にて対応する予定です。ただし，現時点では格付機関による信用格付に影響を与えるような外部からの資金調達を行う予定はありません。当社は，主要な取引先金融機関と良好な関係を構築していることから，今後の事業資金の調達に関して問題はないと認識しています。

なお，既存事業の拡大及び新規事業の創出のための投資に多額の資金需要が
生じる場合には，金融機関からの借入に加え，社債，株式の発行といった資金調
達手段を有しています。
　ただし，今後主要市場での需要動向が悪化した場合や，製品価格が当社の予
想を大きく超えて下落した場合等においては，当社の資金の流動性に悪影響を及
ぼす可能性があります。

b．キャッシュ・フローの状況

（百万円）

	前連結会計年度	当連結会計年度	増減金額
営業活動によるキャッシュ・フロー	201,957	179,212	△22,745
投資活動によるキャッシュ・フロー	△79,457	△168,833	△89,376
財務活動によるキャッシュ・フロー	△111,473	△61,257	50,216
現金及び現金同等物に係る換算差額	16,375	10,249	△6,126
現金及び現金同等物の増減額（△は減少）	27,402	△40,629	△68,031
現金及び現金同等物の期首残高	386,727	414,129	27,402
現金及び現金同等物の期末残高	414,129	373,500	△40,629

営業活動によるキャッシュ・フロー

　当連結会計年度の営業活動によるキャッシュ・インは，前連結会計年度の
201,957百万円に比べ22,745百万円（11.3％）減少し，179,212百万円とな
りました。これは主に前連結会計年度に増加した営業債権の回収が進んだ一方，
営業債務及び法人所得税の支払が増加したことに加え，京セラドキュメントソ
リューションズ（株）の連結子会社TA Triumph-Adler GmbHの退職給付に係る
負債を現金等で第三者に引き渡したことによるものです。

投資活動によるキャッシュ・フロー

　当連結会計年度の投資活動によるキャッシュ・アウトは，前連結会計年度の
79,457百万円に比べ89,376百万円（112.5％）増加し，168,833百万円とな
りました。これは主に設備投資が増加したことに加え，有価証券の償還による
収入が減少したことによるものです。

財務活動によるキャッシュ・フロー

　当連結会計年度の財務活動によるキャッシュ・アウトは，前連結会計年度の

111,473百万円に比べ50,216百万円（45.0％）減少し，61,257百万円となりました。これは主に配当金の支払が増加した一方，借入金の調達が返済を上回ったことに加え，自己株式の取得による支出が減少したことによるものです。

　なお，当連結会計年度において現金及び現金同等物は，換算により10,249百万円増加しました。これは主に，前連結会計年度末に比べ当連結会計年度末は欧米通貨に対し円安となったことによるものです。

　以上の結果，当連結会計年度末の現金及び現金同等物は，前連結会計年度末の414,129百万円から40,629百万円（9.8％）減少し，373,500百万円となりました。当社の保有する現金及び現金同等物は主に円建ですが，海外の連結子会社では，主として米ドルを含む外貨建の現金及び現金同等物を保有しています。

c．資産，負債及び資本

　当連結会計年度末における当社の資産合計は，前連結会計年度末の3,917,265百万円から176,663百万円（4.5％）増加し，4,093,928百万円となりました。

　現金及び現金同等物は，事業利益の獲得による収入及び借入金による調達を上回る設備投資，及び配当金支払による支出があったことを主因として，前連結会計年度末から40,629百万円（9.8％）減少し，373,500百万円となりました。

　短期投資は，定期預金の解約を行ったことを主因として，前連結会計年度末から20,673百万円（81.2％）減少し，4,787百万円となりました。

　営業債権及びその他の債権は，前連結会計年度末から1,906百万円（0.5％）増加し，380,972百万円となりました。年度末の売上が拡大したことを主因として微増となりました。

　棚卸資産は，需要の増加を主因として，前連結会計年度末から86,935百万円（19.2％）増加し，539,441百万円となりました。

　資本性証券及び負債性証券は，KDDI（株）株式を含む保有株式の株価上昇に伴う時価総額の増加等により，前連結会計年度末に比べて39,125百万円（2.7％）増加し，1,508,258百万円となりました。

有形固定資産は，前連結会計年度末から75,303百万円（14.7％）増加し，587,478百万円となりました。なお，当連結会計年度の設備投資額は173,901百万円，減価償却費は108,757百万円でした。

　使用権資産は，東京都三田に移転予定である当社東京事業所の新規賃貸借契約締結を主因として，前連結会計年度末に比べて21,917百万円（53.8％）増加し，62,620百万円となりました。

　当連結会計年度末における当社の負債合計は，前連結会計年度末の1,018,992百万円から26,101百万円（2.6％）増加し，1,045,093百万円となりました。

　流動負債における借入金は，借り換えに伴う非流動負債における借入金への振替を主因として，前連結会計年度末に比べて50,322百万円（63.4％）減少し，29,060百万円となりました。

　営業債務及びその他の債務は，主に買掛金及び未払金を決済したことを主因として，前連結会計年度末に比べて19,098百万円（8.6％）減少し，203,864百万円となりました。

　非流動負債における借入金は，借り換えを含む追加の銀行借入を主因として，前連結会計年度末に比べて90,563百万円（527.7％）増加し，107,726百万円となりました。

　非流動負債におけるリース負債は，東京都三田に移転予定である当社東京事業所の新規賃貸借契約締結を主因として，前連結会計年度末に比べて17,274百万円（48.8％）増加し，52,664百万円となりました。

　当連結会計年度末の資本合計は，前連結会計年度末の2,898,273百万円から150,562百万円（5.2％）増加し，3,048,835百万円となりました。

　利益剰余金は，親会社の所有者に帰属する当期利益127,988百万円及び支払配当金68,192百万円を計上したことに加え，年金資産の時価評価損益等6,474百万円を計上したことにより，前連結会計年度末の1,846,102百万円から66,270百万円（3.6％）増加し，1,912,372百万円となりました。

　その他の資本の構成要素は，KDDI（株）株式を含む保有株式の株価上昇及び円安に伴う為替換算調整勘定の増加を主因として，前連結会計年度末に比べ

て89,504百万円（10.2%）増加し，969,801百万円となりました。

　　当連結会計年度末の親会社の所有者に帰属する持分比率は，前連結会計年度末の73.3%から0.6ポイント増加し，73.9%となりました。

d．契約債務

　　当社の予定決済日ごとの契約債務は次のとおりです。

（百万円）

	2024年3月期	2025年3月期－ 2026年3月期	2027年3月期－ 2028年3月期	2029年3月期 以降	合　計
短期借入金	20,000	－	－	－	20,000
支払利息（短期借入金）（注）	7	－	－	－	7
長期借入金 （1年以内返済予定分を含む）	9,060	11,891	93,864	1,971	116,786
支払利息（長期借入金） （1年以内返済予定分を含む） （注）	1,032	1,130	403	534	3,099
リース負債	20,373	25,733	13,743	17,135	76,984
設備の発注契約	104,378	16,080	226	63	120,747
合　計	154,850	54,834	108,236	19,703	337,623

（注）　変動金利による借入金の支払利息については，当連結会計年度末の実質利率を使用して，将来見込まれる支払利息を算出しています。

　　当社は翌連結会計年度において，確定給付制度に対し10,430百万円を拠出する予定です。また，当社は，当連結会計年度末において不確実な税務ポジションとして負債を2,130百万円計上していますが，将来の解決時期を合理的に見積ることができないため，上記の表には含めていません。

（4）　重要な会計上の見積り及び当該見積りに用いた仮定 ･･･････････････････

　　当社の連結財務諸表は，IFRSに準拠して作成されています。これらの連結財務諸表を作成する際には，見積り，判断及び仮定を用いることが必要となりますが，これらは期末日における資産・負債の金額，及び開示期間の収益・費用の金額に影響を与えます。ただし，これらの見積り，判断及び仮定は実際の結果とは異なる場合があります。

　　当社の連結財務諸表における見積りは，次の場合において会計上非常に重要な見積りとなります。すなわち，当社が見積りを行った時点では，その対象となった

事象が非常に不確実な状況にも関わらず見積りを行う必要があった場合，また，当該期間において当社が実際に採用したものとは異なるが，当社が採用することができた見積りがある，もしくは複数の会計年度にわたって変更が発生すると予想される見積りがあり，その見積りが当社の財政状態及び経営成績の開示に重要な影響を及ぼす場合です。当社は会計情報の開示を行う上で，下記の項目を重要な会計上の見積りとして認識しています。各項目の詳細は，「第5　経理の状況　1　連結財務諸表等 (1) 連結財務諸表　注記4. 重要な会計上の見積り及び見積りを伴う判断」を参照ください。

a．棚卸資産の評価

　　当社は，棚卸資産が適正な価値で評価されるように評価損の金額を見積っています。過剰，滞留，並びに陳腐化した棚卸資産に対して評価損を計上しています。また，棚卸資産は正味実現可能価額まで評価損を計上しています。当社は通常，一定の保有期間を超える棚卸資産を滞留もしくは陳腐化していると見なします。また，当社では，将来の需要予測や市況，そして関与する経営者の判断のもとに，一定の保有期間に満たない棚卸資産についても評価損を計上することがあります。今後も市場の状況や製品の需要が当社の想定を下回れば，棚卸資産の評価損を計上しなければならない可能性があります。

b．有形固定資産及び無形資産の耐用年数

　　有形固定資産は，事業ごとの実態に応じた見積利用可能年数または見積投資回収期間に基づき，定額法で償却しています。償却性無形資産は，資産の将来の経済的便益が消費されると予測される期間に基づき，定額法で償却しています。

　　将来，技術革新等による設備の陳腐化や用途変更並びに事業環境の変化等による利用可能期間の見直しの結果，耐用年数を変更する場合には，翌連結会計年度以降の財政状態及び経営成績に重要な影響を与える可能性があります。

c．有形固定資産，のれん及び無形資産の減損

　　当社は，有形固定資産及び償却性無形資産について，帳簿価額を回収できない可能性を示す事象が発生した時点，もしくは状況が変化した時点で，減損テストを行っています。また，のれん及び耐用年数が確定できない無形資産は

償却をせず，年1回及び減損の可能性を示す事象が発生または状況が変化した時点で減損テストを行っています。減損損失は，資産または資金生成単位の帳簿価額が回収可能価額を上回った場合に認識しています。

資産または資金生成単位の回収可能価額は，使用価値と処分コスト控除後の公正価値のうちいずれか大きい方の金額としています。使用価値は，マネジメントが承認した事業計画を基礎としたキャッシュ・フローの見積額を，貨幣の時間価値及び当該資産に固有のリスクを反映した税引前割引率により，現在価値に割り引いて算定しています。

使用価値は様々な仮定に基づき算定されているため，使用価値の減少をもたらすような予測不能な事業環境の変化等が生じた場合には，減損損失が発生するリスクがあります。

d. 償却原価で測定する金融資産の減損

当社は，主に営業債権等の償却原価で測定される金融資産について，回収可能性や信用リスクの著しい増加等を考慮のうえ将来の予想信用損失を測定していますが，実際の損失が予想信用損失より過大または過少になる可能性があります。

e. 金融商品の公正価値

当社は，特定の金融商品の公正価値を評価する際に，市場で観察可能ではないインプットを利用する評価技法を用いています。観察可能ではないインプットは，将来の不確実な経済条件の変動の結果によって影響を受ける可能性があり，見直しが必要となった場合，当社の財政状態及び経営成績に重要な影響を与える可能性があります。

f. 法人所得税費用

当社は，繰延税金資産について，将来の課税所得に対して利用できる可能性が高いものに限り認識しています。繰延税金資産の評価は将来の課税所得の見積りと税務上，実現可能と見込まれる計画に依拠します。仮に将来の市場環境や経営成績の悪化により将来の課税所得が見込みを下回る場合は，繰延税金資産の金額が大きく影響を受ける可能性があります。

当連結会計年度末においては，繰延税金資産を116,519百万円認識してい

ます。当社は，当連結会計年度の税引前利益及び法人所得税費用と比較し，当該繰延税金資産が将来において合理的に実現するものと考えます。

　また当社は，税務調査を受けることを前提に税務上認識された不確実な税務ポジションについて発生の可能性が高いと判断した場合，当該部分を不確実な税務ポジションとして負債に計上しています。なお，法人所得税における不確実性に関する会計処理の金額と税務当局との解決による金額は異なる可能性があります。

　当連結会計年度末においては，不確実な税務ポジションを総額で2,130百万円計上しています。当社は，法人所得税の不確実性に関する最終的な解決が将来の連結損益計算書へ重要な影響を及ぼすことはないと考えています。

g. 確定給付制度

　確定給付制度において，確定給付負債または資産の純額は，確定給付制度債務の現在価値から制度資産の公正価値を控除して算定されます。

　確定給付制度債務の現在価値は数理計算上の仮定に基づき算定されます。数理計算上の仮定には割引率，昇給率等の基礎率についての見積り及び判断が求められます。

　当社は，優良社債の利回り等を参考に割引率を決定します。昇給率は主に過去の実績，近い将来の見通し，物価変動等により決定されます。当社は毎年，数理計算の基礎となる前提条件を見直しており，必要に応じてその時点の市場環境をもとに調整を行っています。

　日本及び世界的な経済の停滞により当社が割引率を引き下げる場合には，確定給付制度債務及び関連する勤務費用等が増加します。

h. 引当金及び偶発債務

　当社は，通常の事業活動を営む上で，様々な訴訟や賠償要求を受ける可能性があります。当社は，法律専門家と相談の上，こうした偶発債務が重要な結果を引き起こす可能性を予測しています。当社は，不利益な結果を引き起こす可能性が高く，かつ，その金額を合理的に見積ることができる場合には当該債務を計上します。見積りを行う際当社は，受けている訴訟の進捗，及び他の会社が受けている同種の訴訟やその他関連する事項を考慮します。発生した負債は

見積りに基づいており，将来における偶発債務の発展や解決に大きく影響されます。

i. 収益認識

　当社は，情報通信，自動車関連等の市場における販売を主な収益源としています。当社におけるレポーティングセグメントは，「コアコンポーネント」，「電子部品」，「ソリューション」で構成されており，事業単位並びに主要事業及び子会社は次のとおりです。

レポーティングセグメント及び事業単位	主要事業及び子会社
コアコンポーネント	
産業・車載用部品	ファインセラミック部品、自動車部品、光学部品
半導体関連部品	セラミック材料、有機材料
その他	医療機器、宝飾・応用商品
電子部品	電子部品、Kyocera AVX Components Corporation
ソリューション	
機械工具	機械工具
ドキュメントソリューション	情報機器(京セラドキュメントソリューションズ㈱)
コミュニケーション	通信機器、 情報通信サービス(京セラコミュニケーションシステム㈱)
その他	スマートエナジー、ディスプレイ、 プリンティングデバイス

　なお，当社において，顧客への販売は，顧客と締結した取引基本契約書及び注文書に記載された条件に基づいて行われます。当該契約書及び注文書には，価格，数量，並びに所有権の移転時期が記載されています。

(a) 販売奨励金

　「電子部品」セグメントにおいて，各種電子部品を販売する代理店への販売については，以下の様々な販促活動が定められており，顧客との契約において約束された対価から販売奨励金を控除した金額で収益を測定しています。

i. ストック・ローテーション・プログラム

　ストック・ローテーション・プログラムとは，品質に問題のない在庫について，直近6ヵ月の売上高に対して特定の比率を乗じ算出される金額分を，代理店が半年毎に返品することが可能な制度です。売上高に対するストック・ローテーション・プログラムの引当金は，現時点までの推移，現在の価格と流通量

の情報，市場の特定の情報や売上情報，マーケティングやその他主要な経営手段を用いて算出した代理店の売上高に対する比率に基づき収益認識時点で算定し，計上されており，これらの手続きには重要な判断を必要とします。当社は，ストック・ローテーション・プログラムによる将来の返品について妥当な算定ができていると考えており，これまでの実際の結果と算定額に重要な乖離はありません。なお，製品が返品され，検収された時点で，代理店に対する売掛金を減額しています。

ⅱ．シップ・フロム・ストック・アンド・デビット・プログラム

　シップ・フロム・ストック・アンド・デビット・プログラム（以下，シップ・アンド・デビット）は，代理店が顧客への販売活動における市場での価格競争に対して代理店を補助する仕組みです。シップ・アンド・デビットが適用されるためには，代理店が在庫から顧客へ販売する特定部分についての価格調整を代理店が要求する必要があります。シップ・アンド・デビットは，現在及び将来の代理販売において，代理店が顧客へ販売する特定部分について適用されることがあります。IFRS第15号「顧客との契約から生じる収益」に準拠し，当社は代理店に対して収益を認識した時点で，その代理店への売上高にシップ・アンド・デビットが適用される可能性を考慮して，その売上高に関連する代理店の将来の活動に対して変動対価を見積り，計上しています。当社は，当該期間における売上高，代理店に対する売掛金の残額，代理店の在庫水準，現時点までの推移，市場状況，設備製造業やその他顧客に対する直接的な販売活動に基づく価格変動の傾向，売上情報，マーケティングやその他主要な経営手段を用いて売上高に対する変動対価を見積り，計上しています。これらの手続きは慎重な判断のもとで行われており，またその結果，当社はシップ・アンド・デビットにおける変動対価について妥当な算定，計上ができていると考えています。これまでの当社の実際の結果と算定額に重要な乖離はありません。

(b)　リベート

　「機械工具」事業及び「ドキュメントソリューション」事業における代理店への販売において，当社は，定められた期間内に予め定めた売上目標を達成した代理店に対し，現金でリベートを支払っています。このリベートについては，

収益を認識した時点で見積った各代理店の予想販売額に基づき，リベート額を算定して，これを収益から控除しています。

(c) 返品

当社は，収益を認識した時点で過去の実績に基づいて返品による損失額を見積り，収益から控除しています。

(d) 製品保証

当社は，主に「ドキュメントソリューション」事業において，製品に対して通常1年間の製品保証を提供しています。また，最終消費者への販売において，1年間の保証期間終了後，延長保証契約を締結する場合があります。この延長保証契約については別個の履行義務として識別し，取引価格の一部を当該履行義務に配分した上で延長保証期間にわたり収益を認識しています。

また，製品販売，製品保証など複数の財またはサービスを提供する複数要素取引に係る契約については，契約に含まれる履行義務を識別し，契約の対価を配分する必要がある場合には，取引価格を独立販売価格に基づき配分しています。独立販売価格は，類似する製品またはサービスの販売価格やその他の合理的に利用可能な情報を参照して算定しています。

設備の状況

1 設備投資等の概要

当連結会計年度は，コアコンポーネントセグメントにおいて，5Gや半導体関連市場向け製品の需要増へ対応すべく，前連結会計年度から引き続き積極的な設備投資を実施しました。また，電子部品セグメントにおいては，生産能力拡大のため海外に新たな工場を建設しました。さらに，その他の事業においては，研究開発体制の強化を目的に新たな研究開発施設も建設しました。これらの結果，当連結会計年度の設備投資額は，前連結会計年度に比べ22,130百万円（14.6%）増加の173,901百万円となりました。

レポーティングセグメント別設備投資額（有形固定資産への投資額）

(百万円)

	前連結会計年度	当連結会計年度	増減率（%）
コアコンポーネント	71,041	66,629	△6.2
電子部品	37,140	49,118	32.3
ソリューション	26,348	27,644	4.9
その他の事業	5,330	13,097	145.7
本社部門	11,912	17,413	46.2
設備投資額	151,771	173,901	14.6

当連結会計年度の主要な設備の状況は，次のとおりです。

（1）提出会社 ・・・

2023年3月31日現在

事業所名	所在地	レポーティングセグメント	設備の内容	帳簿価額（百万円）					従業員数（人）
				建物及び構築物	機械装置及び運搬具	土地（面積㎡）	その他	合　計	
山形東根工場	山形県東根市	電子部品	電子部品製造装置	2,478	4,544	183 (69,332)	223	7,428	450 [101]
滋賀蒲生工場	滋賀県東近江市	コアコンポーネント	ファインセラミック部品・セラミックパッケージ・医療機器製造装置	1,651	4,082	364 (131,630)	1,515	7,612	1,002 [297]
滋賀八日市工場	滋賀県東近江市	コアコンポーネント、電子部品並びにソリューション	ファインセラミック部品・セラミックパッケージ・電子部品・切削工具・プリンティングデバイス製造装置	7,505	12,774	3,096 (308,985)	13,718	37,093	1,661 [427]
滋賀野洲工場	滋賀県野洲市	コアコンポーネント及びソリューション	医療機器・ディスプレイ・スマートエネルギー関連製品製造装置	11,400	9,842	1,052 (198,197)	7,740	30,034	1,679 [207]
京都綾部工場	京都府綾部市	コアコンポーネント	有機基板製造装置	9,952	19,260	1,588 (152,061)	950	31,750	856 [179]
鹿児島川内工場	鹿児島県薩摩川内市	コアコンポーネント及びソリューション	ファインセラミック部品・セラミックパッケージ・有機基板・切削工具製造装置	18,969	41,950	1,525 (215,525)	4,350	66,794	3,630 [1,372]
鹿児島国分工場	鹿児島県霧島市	コアコンポーネント、電子部品並びにソリューション	ファインセラミック部品・自動車用部品・セラミックパッケージ・電子部品・プリンティングデバイス製造装置	43,003	33,598	3,064 (418,569)	7,828	87,493	3,819 [1,385]

(2) 国内子会社 ···

2023年3月31日現在

会社名	所在地	レポーティングセグメント	設備の内容	帳簿価額（百万円）					従業員数（人）
				建物及び構築物	機械装置及び運搬具	土地（面積㎡）	その他	合　計	
京セラドキュメントソリューションズ㈱	大阪市中央区	ソリューション	プリンター用消耗品・複合機製造装置	5,504	991	4,987(331,682)	1,174	12,656	1,990[213]
京セラ興産㈱	東京都渋谷区	その他の事業	ホテル及び賃貸用ビルディング	4,619	26	5,331(40,628)	167	10,143	273[121]

(3) 在外子会社 ···

2023年3月31日現在

会社名	所在地	レポーティングセグメント	設備の内容	帳簿価額（百万円）					従業員数（人）
				建物及び構築物	機械装置及び運搬具	土地（面積㎡）	その他	合　計	
Dongguan Shilong Kyocera Co., Ltd.	中国広東省東莞	コアコンポーネント及びソリューション	自動車用部品・切削工具・ディスプレイ製造装置	1,198	4,644	－	1,267	7,109	3,006
Kyocera Vietnam Co., Ltd.	ベトナムフンイェン	コアコンポーネント	セラミックパッケージ製造装置	7,064	9,181	－	6,520	22,765	2,601
Kyocera Document Technology Vietnam Co., Ltd.	ベトナムハイフォン	ソリューション	プリンター・複合機製造装置	11,418	973	－	1,545	13,936	5,553
Kyocera International, Inc.	米国カリフォルニア州サンディエゴ	コアコンポーネント	ファインセラミック部品・セラミックパッケージ製造装置	5,608	3,996	1,354(571,795)	892	11,850	1,135
Kyocera AVX Components Corporation	米国サウスカロライナ州ファウンテンイン	電子部品	電子部品製造装置	4,151	1,189	1,820(968,413)	917	8,077	1,135
Kyocera AVX Components (Penang) Sdn. Bhd.	マレーシアペナン	電子部品	電子部品製造装置	5,200	7,368	77(45,487)	2,400	15,045	1,665
Kyocera AVX Components Bangkok Ltd.	タイバンコク	電子部品	電子部品製造装置	28,574	51	918(180,817)	18,118	47,661	502
Kyocera AVX Components S.R.O.	チェコランシュクロウン	電子部品	電子部品製造装置	4,374	2,468	189(160,252)	765	7,796	2,097
Kyocera Fineceramics Europe GmbH	ドイツバーデン＝ヴュルテンベルク州マンハイム	コアコンポーネント	ファインセラミック部品製造装置	1,423	4,664	1,024(101,032)	2,034	9,145	605

（注）1　帳簿価額のうち「その他」は，工具器具，備品，建設仮勘定及び使用権資産の合計です。

　　　2　現在休止中の主要な設備はありません。

　　　3　従業員数の[　]は，パートタイマー及び定年後再雇用者の合計人数を外数で記載しています。

（1）　重要な設備の新設等 ···

　翌連結会計年度の設備投資額は，当連結会計年度に比べ101,099百万円（58.1％）増加の275,000百万円を計画しています。なお，当社は，設備の新設・充実の計画を個々のプロジェクトごとに決定していないため，次のとおりレポーティングセグメントごとに設備投資の主な内容・目的及び資金調達方法を表示しています。

	設備投資の主な内容・目的	資金調達方法
コアコンポーネント	増産及び生産性向上のための設備導入	主に自己資金
電子部品	同上	同上
ソリューション	同上	同上

（2）　重要な設備の除却等 ···

　経常的な設備の更新のための除却・売却を除き，生産能力に重要な影響を及ぼす設備の売却，撤去等の計画はありません。

(point) 設備投資等の概要

　セグメントごとの設備投資額を公開している。多くの企業にとって設備投資は競争力向上・維持のために必要不可欠だ。企業は売上の数％など一定の水準を設定して毎年設備への投資を行う。半導体などのテクノロジー関連企業は装置産業であり，技術発展のスピードが速いため，常に多額の設備投資を行う宿命にある。

1 株式等の状況

(1) 株式の総数等 ··

① 株式の総数

種　類	発行可能株式総数（株）
普通株式	600,000,000
合　計	600,000,000

② 発行済株式

種　類	事業年度末現在 発行数（株） （2023年3月31日）	提出日現在 発行数（株） （2023年6月27日）	上場金融商品取引所名 又は登録認可金融商品 取引業協会名	内　容
普通株式	377,618,580	377,618,580	東京証券取引所 プライム市場	完全議決権株式であり，権利内容に何ら限定のない当社における標準となる株式 単元株式数　100株
合　計	377,618,580	377,618,580	－	－

(point) **主要な設備の状況**

　「設備投資等の概要」では各セグメントの1年間の設備投資金額のみの掲載だが，ここではより詳細に，現在セグメント別，または各子会社が保有している土地，建物，機械装置の金額が合計でどれくらいなのか知ることができる。

■ 経理の状況

1. 連結財務諸表及び財務諸表の作成方法について ································

（1）　当社の連結財務諸表は，「連結財務諸表の用語，様式及び作成方法に関する規則」（1976年大蔵省令第28号）第93条の規定により，国際会計基準（以下「IFRS」）に準拠して作成しています。

（2）　当社の財務諸表は，「財務諸表等の用語，様式及び作成方法に関する規則」（1963年大蔵省令第59号。以下「財務諸表等規則」）に基づいて作成しています。また，当社は，特例財務諸表提出会社に該当し，財務諸表等規則第127条の規定により財務諸表を作成しています。

2. 監査証明について ··

当社は，金融商品取引法第193条の2第1項の規定に基づき，連結会計年度（2022年4月1日から2023年3月31日まで）の連結財務諸表及び事業年度（2022年4月1日から2023年3月31日まで）の財務諸表について，PwC京都監査法人による監査を受けています。

3. 連結財務諸表等の適正性を確保するための特段の取組み及びIFRSに基づいて連結財務諸表等を適正に作成することができる体制の整備について ··········

当社は，連結財務諸表等を適正に作成するために，公益財団法人財務会計基準機構へ加入し，同機構が提供する情報や研修等を通じて，会計基準の変更等に対応できる体制を整えています。

また，当社は，IFRSを連結財務諸表等に適用していることから，国際会計基準審議会が公表する基準書や解釈指針等を随時入手し，適切に対応するための部門を設置するとともに，IFRSに準拠した社内の会計基準や会計方針を制定し，それらに基づく会計処理を行っています。

（1）【連結財務諸表】 ………………………………………………

a　【連結財政状態計算書】

（百万円）

	注記	前連結会計年度 （2022年3月31日）	当連結会計年度 （2023年3月31日）
資産の部			
流動資産			
現金及び現金同等物	8	414,129	373,500
短期投資	10, 32	25,460	4,787
営業債権及びその他の債権	9, 26, 32	379,066	380,972
その他の金融資産	10, 20, 32	18,623	18,615
棚卸資産	11	452,506	539,441
その他の流動資産	12	39,339	39,997
流動資産合計		1,329,123	1,357,312
非流動資産			
資本性証券及び負債性証券	10, 19, 32	1,469,133	1,508,258
持分法で会計処理されている投資	13, 36	15,795	16,752
その他の金融資産	10, 20, 32	41,540	42,567
有形固定資産	14, 16, 19	512,175	587,478
使用権資産	20	40,703	62,620
のれん	15, 16	262,985	271,156
無形資産	15, 16	149,879	147,782
繰延税金資産	17	36,483	39,759
その他の非流動資産	12, 21	59,449	60,244
非流動資産合計		2,588,142	2,736,616
資産合計		3,917,265	4,093,928

	注記	前連結会計年度 （2022年3月31日）	当連結会計年度 （2023年3月31日）
負債及び資本の部			
負債の部			
流動負債			
借入金	19, 32	79,382	29,060
営業債務及びその他の債務	18, 26, 32	222,962	203,864
リース負債	20, 32	17,326	20,351
その他の金融負債	32	16,552	4,741
未払法人所得税等		20,390	17,224
未払費用	26	134,282	135,836
引当金	22	7,010	8,014
その他の流動負債	19, 23, 26	41,445	41,984
流動負債合計		539,349	461,074
非流動負債			
借入金	19, 32	17,163	107,726
リース負債	20, 32	35,390	52,664
退職給付に係る負債	21	23,129	8,621
繰延税金負債	17	384,513	393,961
引当金	22	9,631	10,239
その他の非流動負債	23	9,817	10,808
非流動負債合計		479,643	584,019
負債合計		1,018,992	1,045,093
資本の部			
資本金	24	115,703	115,703
資本剰余金		122,751	119,144
利益剰余金		1,846,102	1,912,372
その他の資本の構成要素	24	880,297	969,801
自己株式	24	△93,299	△93,243
親会社の所有者に帰属する持分合計		2,871,554	3,023,777
非支配持分	33	26,719	25,058
資本合計		2,898,273	3,048,835
負債及び資本合計		3,917,265	4,093,928

(point) 設備の新設，除却等の計画

　　ここでは今後，会社がどの程度の設備投資を計画しているか知ることができる。毎期
どれくらいの設備投資を行っているか確認すると，技術等での競争力維持に積極的な
姿勢かどうか，どのセグメントを重要視しているか分かる。また景気が悪化したとき
は設備投資額を減らす傾向にある。

b 【連結損益計算書】

（百万円）

	注記	前連結会計年度 （自 2021年 4月 1日 至 2022年 3月31日）	当連結会計年度 （自 2022年 4月 1日 至 2023年 3月31日）
売上高	6, 26	1,838,938	2,025,332
売上原価	11, 14, 15 16, 21, 27	1,325,295	1,460,388
売上総利益		513,643	564,944
販売費及び一般管理費	14, 15, 16 21, 27, 28, 32	364,733	436,427
営業利益		148,910	128,517
金融収益	10, 29, 32	45,208	52,289
金融費用	29, 32	2,750	3,594
為替換算差損益	32	2,748	△4,651
持分法による投資損益	13	△807	695
その他―純額		5,638	2,936
税引前利益	6	198,947	176,192
法人所得税費用	17	46,911	45,227
当期利益		152,036	130,965

	注記		
当期利益の帰属：			
親会社の所有者		148,414	127,988
非支配持分		3,622	2,977
当期利益		152,036	130,965

	注記		
1株当たり情報	30		
親会社の所有者に帰属する当期利益：			
―基本的及び希薄化後（円）		411.15	356.60

---

point 株式の総数等

　発行可能株式総数とは，会社が発行することができる株式の総数のことを指す。役員会では，株主総会の了承を得ないで，必要に応じてその株数まで，株を発行することができる。敵対的TOBでは，経営陣が，自社をサポートしてくれる側に，新株を第三者割り当てで発行して，買収を防止することがある。

c 【連結包括利益計算書】

	注記	前連結会計年度 （自　2021年 4月 1日 至　2022年 3月31日）	当連結会計年度 （自　2022年 4月 1日 至　2023年 3月31日）
当期利益		152,036	130,965
その他の包括利益―税効果控除後			
純損益に振り替えられることのない項目			
その他の包括利益を通じて 公正価値で測定する金融資産	24, 32	144,547	25,263
確定給付制度の再測定	21, 24	9,502	6,890
純損益に振り替えられることのない項目合計		154,049	32,153
純損益に振り替えられる可能性のある項目			
キャッシュ・フロー・ヘッジの 公正価値の純変動	24	34	△12
在外営業活動体の換算差額	24	64,218	64,175
持分法適用会社における その他の包括利益に対する持分	13, 24	267	△48
純損益に振り替えられる可能性のある項目合計		64,519	64,115
その他の包括利益計		218,568	96,268
当期包括利益		370,604	227,233

		前連結会計年度	当連結会計年度
当期包括利益の帰属：			
親会社の所有者		365,805	223,978
非支配持分		4,799	3,255
当期包括利益		370,604	227,233

---

point 連結財務諸表等

ここでは主に財務諸表の作成方法についての説明が書かれている。企業は大蔵省が定めた規則に従って財務諸表を作るよう義務付けられている。また金融商品法に従い，作成した財務諸表がどの監査法人によって監査を受けているかも明記されている。

d 【連結持分変動計算書】

前連結会計年度（自　2021年4月1日　至　2022年3月31日）

(百万円)

| | 注記 | 親会社の所有者に帰属する持分 | | | | | | 非支配持分 | 資本合計 |
		資本金	資本剰余金	利益剰余金	その他の資本の構成要素	自己株式	合計		
2021年4月1日残高		115,703	122,745	1,750,259	671,951	△69,243	2,591,415	24,695	2,616,110
当期利益				148,414			148,414	3,622	152,036
その他の包括利益					217,391		217,391	1,177	218,568
当期包括利益計		－	－	148,414	217,391	－	365,805	4,799	370,604
配当金	25			△61,616			△61,616	△2,756	△64,372
自己株式の取得	24					△24,111	△24,111		△24,111
自己株式の処分			27			55	82		82
非支配持分との取引							－		－
その他の資本の構成要素から利益剰余金への振替	24			9,045	△9,045		－		－
その他			△21				△21	△19	△40
2022年3月31日残高		115,703	122,751	1,846,102	880,297	△93,299	2,871,554	26,719	2,898,273

当連結会計年度（自　2022年4月1日　至　2023年3月31日）

(百万円)

| | 注記 | 親会社の所有者に帰属する持分 | | | | | | 非支配持分 | 資本合計 |
		資本金	資本剰余金	利益剰余金	その他の資本の構成要素	自己株式	合計		
2022年4月1日残高		115,703	122,751	1,846,102	880,297	△93,299	2,871,554	26,719	2,898,273
当期利益				127,988			127,988	2,977	130,965
その他の包括利益					95,990		95,990	278	96,268
当期包括利益計		－	－	127,988	95,990	－	223,978	3,255	227,233
配当金	25			△68,192			△68,192	△2,741	△70,933
自己株式の取得						△14	△14		△14
自己株式の処分			34			70	104		104
非支配持分との取引	33		△3,641				△3,641	△2,191	△5,832
その他の資本の構成要素から利益剰余金への振替	24			6,486	△6,486		－		－
その他				△12			△12	16	4
2023年3月31日残高		115,703	119,144	1,912,372	969,801	△93,243	3,023,777	25,058	3,048,835

point 連結財務諸表

ここでは貸借対照表（またはバランスシート，BS），損益計算書(PL)，キャッシュフロー計算書の詳細を調べることができる。あまり会計に詳しくない場合は，最低限，損益計算書の売上と営業利益を見ておけばよい。可能ならば，その数字が過去5年，10年の間にどのように変化しているか調べると会社への理解が深まるだろう。

e 【連結キャッシュ・フロー計算書】

（百万円）

	注記	前連結会計年度 （自　2021年　4月　1日 至　2022年　3月31日）	当連結会計年度 （自　2022年　4月　1日 至　2023年　3月31日）
営業活動によるキャッシュ・フロー			
当期利益		152,036	130,965
減価償却費及び償却費		128,960	149,603
金融収益及び金融費用	29	△42,458	△48,695
持分法による投資損益	13	807	△695
減損損失	16	2,400	1,306
有形固定資産売却損益		△8,052	△1,667
法人所得税費用	17	46,911	45,227
営業債権及びその他の債権の増減額（△は増加）		△29,147	9,732
棚卸資産の増減額（△は増加）		△85,344	△67,949
その他の資産の増減額（△は増加）		12,784	10,307
営業債務及びその他の債務の増減額（△は減少）		△3,821	△29,661
未払費用の増減額（△は減少）		8,994	2,752
その他の負債の増減額（△は減少）	21	△4,718	△25,554
その他―純額		△1,066	5,178
小計		178,286	180,849
利息及び配当金の受取額		45,479	52,362
利息の支払額		△2,297	△2,535
法人所得税の支払額又は還付額（△は支払）		△19,511	△51,464
営業活動によるキャッシュ・フロー		201,957	179,212
投資活動によるキャッシュ・フロー			
有形固定資産の購入による支出		△134,490	△176,624
無形資産の購入による支出		△12,412	△10,019
有形固定資産の売却による収入		11,059	3,595
事業取得による支出（取得現金控除後）	31	△1,680	△3,093
定期預金及び譲渡性預金の預入		△90,530	△14,694
定期預金及び譲渡性預金の解約		121,332	33,966
有価証券の購入による支出		△2,801	△5,071
有価証券の売却及び償還による収入		30,279	4,960
その他―純額		△214	△1,853
投資活動によるキャッシュ・フロー		△79,457	△168,833
財務活動によるキャッシュ・フロー			
短期借入金の増減額（△は減少）	31	△135	△10,000
長期借入金の調達	31	11,739	98,198
長期借入金の返済	31	△14,363	△49,518
リース負債の返済	20,31	△20,829	△23,975
配当金の支払額		△63,774	△70,117
自己株式の取得による支出	24	△24,111	△14
非支配持分の買取		―	△5,832
その他―純額		0	1
財務活動によるキャッシュ・フロー		△111,473	△61,257
現金及び現金同等物に係る換算差額		16,375	10,249
現金及び現金同等物の増減額（△は減少）		27,402	△40,629
現金及び現金同等物の期首残高		386,727	414,129
現金及び現金同等物の期末残高	8	414,129	373,500

【連結財務諸表注記】

1. 報告企業

　京セラ（株）は日本に所在する株式会社であり，東京証券取引所に株式を上場しています。登記されている本社及び主要な事業所の住所は，ホームページ（https://www.kyocera.co.jp/）で開示しています。

　連結財務諸表は，2023年3月31日を期末日とし，当社（以下，原則として連結子会社を含む）及び当社の関連会社に対する持分により構成されています。

　当社は，主に情報通信，産業機械，自動車，環境・エネルギー関連等の市場において，多種多様な製品の開発・製造・販売及びサービスをグローバルに提供しています。詳細については，注記「6. セグメント情報」に記載しています。

2. 作成の基礎

（1）連結財務諸表がIFRSに準拠している旨

　当社の連結財務諸表は，「連結財務諸表の用語，様式及び作成方法に関する規則」（1976年内閣府令第28号）第1条の2に掲げる「指定国際会計基準特定会社」の要件を満たすことから，同第93条の規定により，国際会計基準審議会により発行されたIFRSに準拠して作成しています。

（2）測定の基礎

　当社の連結財務諸表は，公正価値で測定されている特定の金融商品等を除き，取得原価を基礎として作成しています。

（3）機能通貨及び表示通貨

　当社の連結財務諸表は，当社の機能通貨である日本円を表示通貨とし，百万円未満を四捨五入して表示しています。

（4）会計方針の変更

　当社は，当連結会計年度より強制適用となった基準書及び解釈指針を適用しています。これによる当社の連結財務諸表に与える重要な影響はありません。

(5)　表示方法の変更 ………………………………………………………………………

連結キャッシュ・フロー計算書

前連結会計年度において，営業活動によるキャッシュ・フローの「その他の負債の増減額」に含まれていた一部の負債については，明瞭性を高める観点から，当連結会計年度末より「未払費用の増減額」に含めて表示しています。

また，前連結会計年度において，独立掲記していた営業活動によるキャッシュ・フローの「引当金の増減額」は，金額的重要性が乏しくなったため，当連結会計年度においては「その他―純額」に含めて表示しています。

これらの表示方法の変更を反映させるため，前連結会計年度の連結キャッシュ・フロー計算書の組替を行っています。この結果，前連結会計年度の連結キャッシュ・フロー計算書において，営業活動によるキャッシュ・フローに表示していた「その他の負債の増減額」4,832百万円及び「引当金の増減額」1,056百万円は，それぞれ「未払費用の増減額」，「その他―純額」に組み替えています。

3.　重要な会計方針 ………………………………………………………………………
(1)　連結の基礎 …………………………………………………………………………
a.　子会社

子会社とは，当社により支配されている企業をいいます。当社がある企業への関与により生じる変動リターンに対するエクスポージャーまたは権利を有し，かつ企業に対するパワーによりそのリターンに影響を及ぼす能力を有している場合，当社はその企業を支配していると判断しています。子会社の財務諸表は，支配を獲得した日から支配を喪失する日までの間，当社の連結対象に含めています。

子会社が適用する会計方針が当社の適用する会計方針と異なる場合には，必要に応じて当該子会社の財務諸表の調整を行っています。連結財務諸表の作成にあたり，連結会社間の債権・債務，内部取引，並びに連結会社間取引によって発生した未実現損益は消去します。

支配が継続する子会社に対する当社の持分変動は，資本取引として会計処理しています。非支配持分の調整額と対価の公正価値との差額は，当社の所有者に帰属する持分として資本に直接認識しています。支配を喪失した場合には，

支配の喪失から生じた利得及び損失を純損益で認識しています。

b．関連会社

　　関連会社とは，当社がその企業の財務及び経営方針に対して重要な影響力を
行使する能力を有しているものの，支配していない企業をいいます。関連会社
については，当社が重要な影響力を有することとなった日から重要な影響力を
喪失する日まで，持分法によって処理しています。

(2)　企業結合 ･･･

　　企業結合は支配獲得日に取得法によって会計処理し，取得関連費用は発生
時に費用として認識します。企業結合において取得した識別可能資産，並びに
引き受けた負債及び偶発債務は，取得日の公正価値で測定します。

　　企業結合で移転された対価，被取得企業の非支配持分の金額及び当社が以前
に保有していた被取得企業の資本持分の公正価値の合計が，取得した識別可能
な資本持分の公正価値を超過する場合にはその超過額をのれんとして認識し，
下回る場合には純損益として認識します。移転された対価は，取得した資産，
引き受けた負債及び発行した資本持分の公正価値の合計で算定され，条件付対
価の取決めから生じた資産または負債の公正価値も含まれています。

　　非支配持分は，個々の企業結合取引ごとに，公正価値または被取得企業の識
別可能な純資産に対する非支配持分の比例的持分として測定します。

(3)　外貨換算 ･･･

a．機能通貨

　　当社及び当社の連結子会社はそれぞれ独自の機能通貨を定めており，各社の
取引はその機能通貨により測定しています。

b．外貨建取引

　　外貨建取引は，取引日の為替レート，またはそれに近似する為替レートによ
り換算します。

　　決算日における外貨建貨幣性項目は決算日の為替レートで，公正価値で測定
される外貨建非貨幣性項目は当該公正価値の算定日の為替レートで，それぞれ

機能通貨に換算しています。取得原価で測定される外貨建非貨幣性項目は，取引日の為替レートで機能通貨に換算しています。当該換算及び決済により生じる為替差額は，有効なキャッシュ・フロー・ヘッジとして資本で繰延べられる場合を除き，純損益として認識しています。

c．在外営業活動体

在外営業活動体とは，その活動が，当社と異なる国または通貨に基盤を置いているか，もしくは行われている，当社の子会社または関連会社をいいます。在外営業活動体の資産及び負債は決算日の為替レート，収益，費用並びにキャッシュ・フローは期中平均レートにより円貨に換算しています。在外営業活動体の財務諸表の換算過程で生じた為替換算差額はその他の包括利益で認識しています。在外営業活動体を処分し，支配または重要な影響力を喪失する場合には，この在外営業活動体に関連する為替換算差額の累積金額を，処分にかかる利得または損失の一部として純損益に振り替えます。

d．超インフレ調整

当社は，当連結会計年度よりIAS第29号「超インフレ経済下における財務報告」に従い，トルコ・リラを機能通貨とする子会社について，超インフレ会計による調整を実施しています。超インフレ経済下の在外営業活動体の財務諸表は，インフレーションの影響を反映させており，収益，費用及びキャッシュ・フローは決算日の為替レートにより円貨に換算しています。

（4）　現金及び現金同等物 ···

現金及び現金同等物は，現金及び預金に加え，取得日から3ヵ月以内に満期が到来する流動性の高い投資を含んでいます。

（5）　棚卸資産 ···

棚卸資産は取得原価と正味実現可能価額のいずれか低い金額で測定しています。

取得原価は，製商品及び仕掛品は主として総平均法により評価しており，原材料及び貯蔵品は主として先入先出法により評価しています。

正味実現可能価額は，通常の事業の過程における見積売価から，完成までに要

する見積原価及び販売に要する見積費用を控除した金額です。

(6) 有形固定資産 ···

　有形固定資産の測定においては原価モデルを採用し，取得原価から減価償却累
計額及び減損損失累計額を控除した金額で表示しています。取得原価には，資産
の取得に直接付随する費用，解体・除去及び原状回復費用が含まれています。有
形固定資産については，その耐用年数にわたり定額法で減価償却しています。耐
用年数はおおむね次のとおりです。

　　　　　建物　　　　　　2〜50年
　　　　　機械及び器具　2〜20年

　残存価額，耐用年数及び減価償却方法は，各年度末に見直しを行い，変更があっ
た場合は，会計上の見積りの変更として将来に向かって適用しています。大規模
な更新や改修にかかる支出は有形固定資産として計上し，耐用年数に基づき減価
償却をしています。小規模な更新もしくは維持及び修繕に係る支出は，発生時に
費用として認識します。

(7) のれん及び無形資産 ···
a. のれん

　企業結合により取得したのれんは，取得原価から減損損失累計額を控除した
額で表示しています。のれんの償却は行わず，企業結合からの便益を享受でき
ると期待される資金生成単位に配分し，年1回及び減損の可能性を示す事象が
発生または状況が変化した時点で減損テストを実施しています。

b. 無形資産

　無形資産の測定においては原価モデルを採用し，耐用年数を確定できる無形
資産については，取得原価から償却累計額及び減損損失累計額を控除した金額
で表示しています。耐用年数を確定できない無形資産については，取得原価か
ら減損損失累計額を控除した金額で表示しています。

　開発活動における支出については，次のすべての要件を立証できた場合に限
り資産として認識し，その他の支出はすべて発生時に費用として認識しています。

(a) 使用または売却できるように無形資産を完成させることの技術上の実行可能性
(b) 無形資産を完成させ，さらにそれを使用または売却するという意図
(c) 無形資産を使用または売却できる能力
(d) 無形資産が蓋然性の高い将来の経済的便益を創出する方法
(e) 無形資産の開発を完成させ，さらにそれを使用または売却するために必要となる，適切な技術上，財務上及びその他の資源の利用可能性
(f) 開発期間中の無形資産に起因する支出を信頼性をもって測定できる能力

　耐用年数を確定できる無形資産については，その耐用年数にわたり定額法で償却しています。償却対象となる無形資産は主に顧客との関係，非特許技術，ソフトウェア並びに商標権であり，それぞれの耐用年数は，おおむね次のとおりです。

　　　　顧客との関係　　2〜20年
　　　　非特許技術　　　5〜25年
　　　　ソフトウェア　　2〜15年
　　　　商標権　　　　　2〜20年
　　　　その他　　　　　2〜50年

　耐用年数を確定できる無形資産の耐用年数及び償却方法は，各年度末に見直しを行い，変更があった場合は，会計上の見積りの変更として将来に向かって適用しています。
　当社は当連結会計年度の期首より，一部のソフトウェアの耐用年数を2年から5年に変更し，将来にわたり適用しています。この変更は，直近のソフトウェアの利用実績を勘案し，より実態に即した耐用年数への見直しによるものです。この結果，従来の方法に比べて，当連結会計年度の営業利益及び税引前利益は2,062百万円増加しました。
　耐用年数を確定できる無形資産について，減損の兆候が存在する場合はその都度，減損テストを実施しています。耐用年数を確定できない無形資産及び未だ使用可能でない無形資産については，償却せず，年1回の減損テストを実施

するほか，減損の可能性を示す事象が発生または状況が変化した時点で減損テストを実施しています。

(8) リース ....

a．借手としてのリース

当社は，リース開始日において，使用権資産とリース負債を認識しています。使用権資産はリース負債の当初測定額に前払リース料等を調整した額で測定しています。開始日後においては，原価モデルを適用して，取得原価から減価償却累計額及び減損損失累計額を控除して測定しています。使用権資産は，見積耐用年数とリース期間のいずれか短い期間にわたって，定額法により減価償却しています。リース負債は，リースの計算利子率が容易に算定できる場合には，残存リース料を適用開始日における当該利子率を用いて割り引いた現在価値で測定しています。当該利子率が容易に算定できない場合には，借手の追加借入利子率を用いて割り引いた現在価値で測定しています。開始日後においては，リース負債に係る金利や支払われたリース料を反映するようにリース負債の帳簿価額を増減しています。

なお，リース期間が12ヵ月以内のリース及び原資産が少額であるリースについては，使用権資産とリース負債を認識せず，リース期間にわたり定額法により費用として認識しています。

b．貸手としてのリース

リースは，オペレーティング・リースまたはファイナンス・リースのいずれかに分類しています。原資産の所有に伴うリスクと経済価値のほとんどすべてを移転する場合には，ファイナンス・リースに分類し，原資産の所有に伴うリスクと経済価値のほとんどすべてを移転するものでない場合には，オペレーティング・リースに分類しています。リースがファイナンス・リースなのかオペレーティング・リースなのかは，契約の形式ではなく，取引の実質に応じて判定しています。

（a）ファイナンス・リース

リースの開始日において，ファイナンス・リース取引に基づいて保有してい

る資産は，正味リース投資未回収額に等しい金額で債権として表示しています。

(b) オペレーティング・リース

当社は，オペレーティング・リース取引における受取リース料は，リース期間にわたって定額法により収益として認識しています。

なお，当社が中間の貸手である場合，ヘッドリースとサブリースは別個に会計処理しています。また，サブリースを分類する際に，中間の貸手である当社は，ヘッドリースから生じる使用権資産を参照して分類しています。

(9) 非金融資産の減損 ··

当社は，棚卸資産及び繰延税金資産を除く当社の非金融資産の帳簿価額について，報告期間の末日ごとに減損の兆候の有無を判断しています。減損の兆候が存在する場合には，当該資産の回収可能価額に基づく減損テストを実施しています。のれん及び耐用年数が確定できない無形資産については，減損の兆候の有無にかかわらず年1回の減損テストを実施しています。減損損失は，資産または資金生成単位の帳簿価額が回収可能価額を上回った場合に認識しています。

資産または資金生成単位の回収可能価額は，使用価値と処分コスト控除後の公正価値のうちいずれか大きい方の金額としています。使用価値は，マネジメントが承認した事業計画を基礎としたキャッシュ・フローの見積額を，貨幣の時間価値及び当該資産に固有のリスクを反映した税引前割引率により現在価値に割り引いて算定しています。

のれん以外の資産に関しては，過年度に認識された減損損失について，その回収可能価額の算定に使用した想定事項に変更が生じた場合等，損失の減少または消滅の可能性を示す兆候の有無について評価を行っています。そのような兆候が存在する場合は，当該資産または資金生成単位の回収可能価額の見積りを行い，その回収可能価額が，資産または資金生成単位の帳簿価額を超える場合，算定した回収可能価額と過年度に減損損失が認識されていなかった場合の減価償却控除後の帳簿価額とのいずれか低い方を上限として，減損損失の戻し入れを行います。

(10)　金融商品 ··

　金融資産及び金融負債は，当社が金融商品の契約上の当事者になった時点で認識しています。

　金融資産及び金融負債は当初認識時において公正価値で測定しています。純損益を通じて公正価値で測定する金融資産及び純損益を通じて公正価値で測定する金融負債を除き，金融資産の取得及び金融負債の発行に直接起因する取引コストは，当初認識時において，金融資産の公正価値に加算または金融負債の公正価値から減算しています。純損益を通じて公正価値で測定する金融資産及び純損益を通じて公正価値で測定する金融負債の取得に直接起因する取引コストは純損益で認識しています。

ａ．非デリバティブ金融資産

　非デリバティブ金融資産は，償却原価で測定する金融資産，その他の包括利益を通じて公正価値で測定する負債性金融資産，その他の包括利益を通じて公正価値で測定する資本性金融資産，純損益を通じて公正価値で測定する金融資産に分類しています。この分類は，金融資産の性質と目的に応じて，当初認識時に決定しています。

　当社は，通常の方法による金融資産（株式及び債券）の売買は，約定日に認識及び認識の中止を行っています。通常の方法による売買とは，市場における規則または慣行により一般に認められている期間内での資産の引渡しを要求する契約による金融資産の購入または売却をいいます。その他のすべての金融資産は取引の実施日に当初認識しています。

(a) 償却原価で測定する金融資産

　次の条件がともに満たされる場合には，償却原価で測定する金融資産に分類しています。

・契約上のキャッシュ・フローを回収するために金融資産を保有することを目的とする事業モデルの中で保有されている。

・金融資産の契約条件により，元本及び元本残高に対する利息の支払のみであるキャッシュ・フローが特定の日に生じる。

　当初認識後，償却原価で測定する金融資産は実効金利法による償却原価から

必要な場合には減損損失を控除した金額で測定しています。実効金利法による金融収益は純損益で認識しています。

(b) その他の包括利益を通じて公正価値で測定する負債性金融資産

　次の条件がともに満たされる場合には，その他の包括利益を通じて公正価値で測定する負債性金融資産に分類しています。

・契約上のキャッシュ・フローの回収と売却の両方によって目的が達成される事業モデルの中で保有されている。

・金融資産の契約条件により，元本及び元本残高に対する利息の支払のみであるキャッシュ・フローが特定の日に生じる。

　当初認識後，その他の包括利益を通じて公正価値で測定する負債性金融資産は公正価値で測定し，公正価値の変動から生じる評価損益は，その他の包括利益で認識しています。その他の包括利益として認識した金額は，認識を中止した場合，その累計額を純損益に振り替えています。その他の包括利益を通じて公正価値で測定する負債性金融資産に分類された金融資産から生じる為替差損益及びその他の包括利益を通じて公正価値で測定する負債性金融資産に係る実効金利法による金融収益は，純損益で認識しています。

(c) その他の包括利益を通じて公正価値で測定する資本性金融資産

　資本性金融資産については，当初認識時に公正価値の変動を純損益ではなく，その他の包括利益で認識するという取消不能な選択を行っている場合にその他の包括利益を通じて公正価値で測定する資本性金融資産に分類しています。当初認識後，その他の包括利益を通じて公正価値で測定する資本性金融資産は公正価値で測定し，公正価値の変動から生じる評価損益は，その他の包括利益で認識しています。

　認識を中止した場合，その他の包括利益を通じて認識された利得または損失の累計額を直接利益剰余金へ振り替えています。なお，その他の包括利益を通じて公正価値で測定する資本性金融資産に係る受取配当金は，純損益で認識しています。

(d) 純損益を通じて公正価値で測定する金融資産

　償却原価で測定する金融資産，その他の包括利益を通じて公正価値で測定す

る負債性金融資産及びその他の包括利益を通じて公正価値で測定する資本性金融資産のいずれにも分類しない場合，純損益を通じて公正価値で測定する金融資産に分類しています。

なお，いずれの金融資産も，会計上のミスマッチを取り除くあるいは大幅に削減させるために純損益を通じて公正価値で測定するものとして指定していません。

当初認識後，純損益を通じて公正価値で測定する金融資産は公正価値で測定し，公正価値の変動から生じる評価損益，受取配当金及び利息収益は純損益で認識しています。

(e) 認識の中止

金融資産は，金融資産からのキャッシュ・フローに対する契約上の権利が消滅した場合，または金融資産を譲渡し，当該金融資産の所有に係るリスクと経済価値のほとんどすべてを移転した場合に，認識を中止しています。

(f) 減損

償却原価で測定する金融資産及びその他の包括利益を通じて公正価値で測定する負債性金融資産については，期末日毎に予想信用損失を評価し，貸倒引当金を認識しています。

期末日に，当該金融商品に係る信用リスクが当初認識以降に著しく増大している場合には，予測情報も含めた合理的で裏付け可能な情報をすべて考慮して，当該金融商品に係る貸倒引当金を全期間の予想信用損失に等しい金額で測定しています。

一方，信用リスクが当初認識以降に著しく増大していない場合には，当該金融商品に係る貸倒引当金を12ヵ月の予想信用損失に等しい金額で測定しています。

ただし，営業債権及びリース債権については信用リスクの当初認識時点からの著しい増加の有無にかかわらず，全期間の予想信用損失と同額で貸倒引当金を認識しています。予想信用損失または戻入れの金額は，純損益に認識しています。

b．非デリバティブ金融負債

非デリバティブ金融負債は，当初認識時に純損益を通じて公正価値で測定する金融負債または償却原価で測定する金融負債に分類しています。

非デリバティブ金融負債は，１つ以上の組込デリバティブを含む混合契約全体について純損益を通じて公正価値で測定する金融負債に指定した場合に，純損益を通じて公正価値で測定する金融負債に分類します。当初認識後，純損益を通じて公正価値で測定する金融負債は公正価値で測定し，公正価値の変動から生じる評価損益及び金融費用は純損益で認識しています。

　金融負債の公正価値の変動のうち，自己の信用リスクの変動によるものは，その他の資本の構成要素に含めています。

　償却原価で測定する金融負債は当初認識後，実効金利法による償却原価で測定しています。

　金融負債は消滅した時，すなわち，契約中に特定された債務が免責，取消しまたは失効となった場合に認識を中止しています。

ｃ．デリバティブ及びヘッジ会

（a）デリバティブ

　当社は，為替リスクをヘッジするために為替予約等のデリバティブを利用しています。当該デリバティブは，契約が締結された時点の公正価値で当初測定され，その後も公正価値で再測定しています。

　デリバティブの公正価値の変動額は，ヘッジ手段として指定していないまたはヘッジが有効でない場合は，直ちに純損益で認識しています。ヘッジ指定していないデリバティブ金融資産は純損益を通じて公正価値で測定する金融資産に，ヘッジ指定していないデリバティブ金融負債は純損益を通じて公正価値で測定する金融負債にそれぞれ分類しています。

（b）ヘッジ会計

　当社は，一部のデリバティブ取引についてヘッジ手段として指定し，キャッシュ・フロー・ヘッジとして会計処理しています。

　当社は，ヘッジ開始時に，ヘッジ取引にかかるヘッジ手段とヘッジ対象の関係，リスクの管理目的，ヘッジ取引を実行する際の戦略，及びヘッジ関係の有効性の評価方法，有効性及び非有効性の測定方法は，すべて文書化しています。具体的には，以下の要件をすべて満たす場合に，ヘッジが有効と判断しています。

・ヘッジ対象とヘッジ手段との間に経済的関係があること
・信用リスクの影響が，当該経済的関係から生じる価値変動に著しく優越する
　ものではないこと
・ヘッジ関係のヘッジ比率が，企業が実際にヘッジしているヘッジ対象の量と
　企業がヘッジ対象の当該量を実際にヘッジするのに使用しているヘッジ手段
　の量から生じる比率と同じであること

　この過程で，デリバティブを連結財政状態計算書上の特定の資産，負債また
は予定取引のキャッシュ・フロー・ヘッジとして指定します。また，当社の関
連会社は，変動金利で調達する資金についてキャッシュ・フローを固定化する
目的で，変動金利による負債を固定金利に交換するために金利スワップを利用
しており，当該金利スワップについてヘッジ会計を適用しています。

　当社は，ヘッジ会計を適用しているヘッジ関係のヘッジ比率を調整してもな
お，ヘッジの適格要件を満たさなくなった場合には，将来に向かってヘッジ会
計を中止します。

　キャッシュ・フロー・ヘッジの会計処理は次のとおりです。

　当社は，ヘッジの開始時点及び継続期間中に，ヘッジ取引に利用しているデ
リバティブがヘッジ対象のキャッシュ・フローを相殺する上で有効性があるか
否かを評価します。ヘッジ手段に係る公正価値の変動額のうち，有効な部分は
その他の包括利益にて認識し，非有効部分は純損益に認識しています。その他
の包括利益に計上されたヘッジ手段に係る金額は，ヘッジ対象である取引が純
損益に影響を与える時点で純損益に振り替えています。ただし，ヘッジ対象の
予定取引が非金融資産または非金融負債の認識を生じさせるものである場合に
は，その他の資本の構成要素に累積された金額は，当該非金融資産または非金
融負債の当初の帳簿価額の修正として処理しています。

　当社は，ヘッジの有効性がないか，もしくはなくなったと判断した時点で，
将来に向かってヘッジ会計を中止します。

　ヘッジ会計の中止に伴い，未実現損益をその他の包括利益として繰り延べま
す。ただし，ヘッジ対象である予定取引が発生しない可能性が高い場合には，
その他の包括利益に計上していた未実現損益を直ちに純損益として認識します。

（11） 法人所得税 ···

　法人所得税は，当期税金及び繰延税金から構成され，企業結合に関連するもの及びその他の包括利益または資本に直接認識される項目を除き，純損益で認識しています。

　当期税金は，期末日時点において施行または実質的に施行されている税率及び税法を用いて，税務当局に納付または税務当局から還付されることが予想される金額で測定しています。

　繰延税金は，資産及び負債の会計上の帳簿価額と税務上の金額との一時差異，未使用の繰越欠損金並びに繰越税額控除について認識しています。企業結合以外の取引で，かつ会計上または税務上のいずれの損益にも影響を及ぼさない取引における資産または負債の当初認識に係る一時差異については，繰延税金資産及び負債を認識していません。また，のれんの当初認識において生じる将来加算一時差異についても，繰延税金負債を認識していません。

　子会社及び関連会社に対する投資に関連する将来加算一時差異については，当社が一時差異を解消する時期をコントロールでき，かつ予測可能な将来にその差異が解消されない可能性が高い場合には，繰延税金負債は認識していません。子会社及び関連会社に対する投資に係る将来減算一時差異から生じる繰延税金資産は，一時差異からの便益を利用するのに十分な課税所得があり，予測可能な将来に解消される可能性が高い範囲でのみ認識しています。

　繰延税金資産及び負債は，期末日時点において施行または実質的に施行されている税法に基づいて，一時差異が解消される時に適用されると予測される税率を用いて測定しています。

　繰延税金資産及び負債は，税金資産及び負債を相殺する法律上強制力のある権利を有しており，かつ法人所得税が同一の税務当局によって同一の納税主体に対して課されている場合に相殺しています。

　繰延税金負債は，原則としてすべての将来加算一時差異について認識され，繰延税金資産は，将来減算一時差異，未使用の税務上の繰越欠損金並びに繰越税額控除のうち，将来の課税所得に対して利用できる可能性が高いものに限り認識しています。繰延税金資産は期末日に見直し，税務便益が実現する可能性が高くなく

なった部分について減額しています。

　当社では，税務ポジションが，税務当局による調査において発生の可能性が高いと認められる場合に，その財務諸表への影響を認識しています。税務ポジションに関連するベネフィットは，税務当局との解決により，発生の可能性が高いと期待される金額で測定されます。

　当社は，経済協力開発機構が公表した第2の柱モデルルールを導入するために制定または実質的に制定された税法から生じる法人所得税に係る繰延税金資産及び繰延税金負債に関して，認識及び情報開示に対する例外を適用しています。

（12）　政府補助金

　政府補助金は，その補助金交付に付帯する諸条件を満たし，かつ補助金を受領するという合理的な保証が得られたときに公正価値で認識しています。政府補助金が費用項目に関連する場合は，補助金で補償することを意図している関連費用を認識する期間にわたって，規則的に収益として認識しています。資産に関する補助金は，当該補助金の金額を資産の取得原価から控除しています。

（13）　従業員給付
a．退職後給付
　当社は，主に確定給付制度を採用しています。

　確定給付制度において確定給付負債または資産の純額は，確定給付制度債務の現在価値から，制度資産の公正価値を控除して算定されます。この計算による資産計上額は，制度からの返還または将来掛金の減額という利用可能な将来の経済的便益の現在価値を上限としています。確定給付制度債務は予測単位積増方式を用いて算定され，その現在価値は将来の見積給付額に割引率を適用して算定しています。割引率は，給付が見込まれる期間に近似した満期を有する優良社債の市場利回りを参照して決定しています。

　当期勤務費用及び確定給付負債または資産の純額に係る利息は純損益として認識しています。

　過去勤務費用は，発生時に純損益で認識しています。

　数理計算上の差異を含む，確定給付負債または資産の純額の再測定は，発生

時にその他の包括利益で認識し，直ちに利益剰余金に振り替えています。

b．短期従業員給付

　　短期従業員給付である賃金，給料並びに社会保険料等については関連する役務が提供された時点で費用として計上しています。

　　賞与については，当社が従業員から提供された労働の対価として支払うべき法的または推定的債務を有しており，かつその金額を信頼性をもって見積ることができる場合に，負債として認識しています。

　　有給休暇については，従業員に付与された有給休暇のうち，未使用の有給休暇に対して負債を計上しています。

（14）　引当金 ･･

　　過去の事象の結果として，現在の法的または推定的債務を有しており，当該債務を決済するために経済的便益を有する資源の流出が生じる可能性が高く，当該債務の金額について信頼性のある見積りができる場合に，引当金を認識しています。

（15）　資本 ･･

a．普通株式

　　当社が発行した普通株式は，発行価額を資本金及び資本剰余金に計上し，直接発行費用は，関連する税効果を控除後に資本剰余金から控除しています。

b．自己株式

　　自己株式は取得原価で評価され，資本から直接控除しています。当社の自己株式の取得，売却または消却において利得

　　または損失は認識していません。なお，帳簿価額と売却時の対価との差額は資本として認識しています。

（16）　収益認識 ･･

　　当社は，IFRS第15号「顧客との契約から生じる収益」（以下，IFRS第15号）に従い，IFRS第9号「金融商品」に基づく利息及び配当金等，及び，IFRS第16号「リース」（以下，IFRS第16号）に基づくリース契約等を除く顧客との契約に

ついて，次のステップを適用することにより，収益を認識しています。

　ステップ１：顧客との契約を識別する。

　ステップ２：契約における履行義務を識別する。

　ステップ３：取引価格を算定する。

　ステップ４：取引価格を契約における履行義務に配分する

　ステップ５：履行義務の充足時に（または充足するにつれて）収益を認識する。

　当社は，情報通信，自動車関連等の市場における販売を主な収益源としています。当社におけるレポーティングセグメントは，「コアコンポーネント」，「電子部品」，「ソリューション」で構成されており，事業単位並びに主要事業及び子会社は次のとおりです。

レポーティングセグメント及び事業単位	主要事業及び子会社
コアコンポーネント	
産業・車載用部品	ファインセラミック部品、自動車部品、光学部品
半導体関連部品	セラミック材料、有機材料
その他	医療機器、宝飾・応用商品
電子部品	電子部品、Kyocera AVX Components Corporation
ソリューション	
機械工具	機械工具
ドキュメントソリューション	情報機器(京セラドキュメントソリューションズ㈱)
コミュニケーション	通信機器、 情報通信サービス(京セラコミュニケーションシステム㈱)
その他	スマートエナジー、ディスプレイ、 プリンティングデバイス

　なお，当社において，顧客への販売は，顧客と締結した取引基本契約書及び注文書に記載された条件に基づいて行われます。当該契約書及び注文書には，価格，数量並びに所有権の移転時点が記載されています。

a．製品の販売

　製品の販売については，主に製品が顧客へ引き渡された時点または船積日で顧客が当該製品に対する支配を獲得することから，履行義務が充足されると判断し，収益を認識しています。

　なお，「ドキュメントソリューション」事業における，最終消費者向けの設置を伴うプリンター及び複合機販売については，契約上の義務がない限り，製品

が設置され，顧客が受入れた時点において履行義務が充足されると判断し，収益を認識しています。

b．サービスの提供

「ドキュメントソリューション」事業において，プリンターや複合機の使用量に応じた従量料金，固定料金を支払う製品の保守契約による収益を認識しています。当社は，契約の履行義務を，契約に基づき，機器を常時利用可能な状態を顧客に提供することと判断しており，これらの収益を，関連する履行義務を充足するにつれて一定期間に渡り認識しています。固定料金の保守契約については顧客との契約に係る取引額を契約期間にわたり均等に収益認識しています。

すべてのセグメントにおいて，当社は製品に欠陥があった場合のみ返品を受入れます。また，当社の販売条件には，「電子部品」セグメントにおける販売プログラムを除いて，価格保証，ストック・ローテーションまたは返品規定はありません。

c．販売奨励金

「電子部品」セグメントにおいて，各種電子部品を販売する代理店への販売については，以下の様々な販促活動が定められており，顧客との契約において約束された対価から販売奨励金を控除した金額で収益を測定しています。

（a）ストック・ローテーション・プログラム

ストック・ローテーション・プログラムとは，品質に問題のない在庫について，直近6ヵ月の売上高に対して特定の比率を乗じ算出される金額分を，代理店が半年毎に返品することが可能な制度です。売上高に対するストック・ローテーション・プログラムの引当金は，現時点までの推移，現在の価格と流通量の情報，市場の特定の情報や売上情報，マーケティングやその他主要な経営手段を用いて算出した代理店の売上高に対する比率に基づき，収益認識時点で算定し，計上されており，これらの手続きには，重要な判断を必要とします。当社は，ストック・ローテーション・プログラムによる将来の返品について妥当な算定ができていると考えており，これまでの実際の結果と算定額に重要な乖離はありません。なお，製品が返品され，検収された時点で，代理店に対する売掛金を減額しています。

(b) シップ・フロム・ストック・アンド・デビット・プログラム

　シップ・フロム・ストック・アンド・デビット・プログラム（以下，シップ・アンド・デビット）は，代理店が顧客への販売活動における市場での価格競争に対して代理店を補助する仕組みです。シップ・アンド・デビットが適用されるためには，代理店が在庫から顧客へ販売する特定部分についての価格調整を，代理店が要求する必要があります。シップ・アンド・デビットは，現在及び将来の代理販売において，代理店が顧客へ販売する特定部分について適用されることがあります。IFRS第15号に準拠し，当社は代理店に対して収益を認識した時点で，その代理店への売上高にシップ・アンド・デビットが適用される可能性を考慮して，その売上高に関連する代理店の将来の活動に対して変動対価を見積り，計上しています。当社は，当該期間における売上高，代理店に対する売掛金の残額，代理店の在庫水準，現時点までの推移，市場状況，設備製造業やその他顧客に対する直接的な販売活動に基づく価格変動の傾向，売上情報，マーケティングやその他主要な経営手段を用いて，売上高に対する変動対価を見積り，計上しています。これらの手続きは慎重な判断のもとで行われており，またその結果，当社はシップ・アンド・デビットにおける変動対価について，妥当な算定，計上ができていると考えています。これまでの当社の実際の結果と算定額に重要な乖離はありません。

d. リベート

　「機械工具」事業及び「ドキュメントソリューション」事業における代理店への販売において，当社は，定められた期間内に予め定めた売上目標を達成した代理店に対し，現金でリベートを支払っています。このリベートについては，収益を認識した時点で見積った各代理店の予想販売額に基づき，リベート額を算定して，これを収益から控除しています。

e. 返品

　当社は，収益を認識した時点で過去の実績に基づいて返品による損失額を見積り，収益から控除しています。

f. 製品保証

　当社は，主に「ドキュメントソリューション」事業において，製品に対して

通常1年間の製品保証を提供しています。

また，最終消費者への販売において，1年間の保証期間終了後，延長保証契約を締結する場合があります。この延長保証契約については，別個の履行義務として識別し，取引価格の一部を当該履行義務に配分した上で，延長保証期間にわたり収益を認識しています。

また，製品販売，製品保証など複数の財またはサービスを提供する複数要素取引に係る契約については，契約に含まれる履行義務を識別し，契約の対価を配分する必要がある場合には，取引価格を独立販売価格に基づき配分しています。独立販売価格は，類似する製品またはサービスの販売価格やその他の合理的に利用可能な情報を参照して算定しています。

(17) 1株当たり親会社の所有者に帰属する当期利益

基本的1株当たり親会社の所有者に帰属する当期利益は，親会社の所有者に帰属する当期利益を報告期間の自己株式を調整した普通株式の期中平均株式数で除すことにより計算しています。

4. 重要な会計上の見積り及び見積りを伴う判断

IFRSに準拠した連結財務諸表の作成において，経営者は，会計方針の適用並びに資産，負債，収益及び費用の金額に影響を及ぼす判断，見積り及び仮定を行うことが要求されています。実際の業績は，これらの見積りとは異なる場合があります。

見積り及びその基礎となる仮定は継続して見直されます。会計上の見積りの見直しによる影響は，見積りを見直した会計期間及びそれ以降の将来の会計期間において認識されます。経営者が行った連結財務諸表の金額に重要な影響を与える主な判断及び見積りは次のとおりです。

・棚卸資産の評価
　（注記「3. 重要な会計方針 (5) 棚卸資産」及び「11. 棚卸資産」）
・有形固定資産及び無形資産の残存価額・耐用年数の見積り
　（注記「3. 重要な会計方針 (6) 有形固定資産」，「3. 重要な会計方針 (7) のれ

ん及び無形資産」,「14. 有形固定資産」並びに「15. のれん及び無形資産」)
- 有形固定資産,のれん並びに無形資産の減損に関する見積り

(注記「3. 重要な会計方針 (9) 非金融資産の減損」及び「16. 非金融資産の減損」)
- 純損益を通じて公正価値で測定する金融資産,その他の包括利益を通じて公正価値で測定する金融資産の公正価値測定 (注記「3. 重要な会計方針 (10) 金融商品」,「10. 短期投資,資本性証券及び負債性証券並びにその他の金融資産」並びに「32. 金融商品」)
- 償却原価で測定する金融資産の減損に関する見積り

(注記「3. 重要な会計方針 (10) 金融商品」及び「32. 金融商品」)
- 繰延税金資産の回収可能性及び不確実性のある税務ポジションの見積り

(注記「3. 重要な会計方針 (11) 法人所得税」及び「17. 法人所得税」)
- 確定給付制度債務の見積り

(注記「3. 重要な会計方針 (13) 従業員給付」及び「21. 従業員給付」)
- 引当金の認識・測定における判断及び見積り並びに偶発事象に係る負債及び費用の認識

(注記「3. 重要な会計方針 (14) 引当金」,「22. 引当金」並びに「36. 偶発債務」)
- 収益の認識・測定における判断及び見積り

(注記「3. 重要な会計方針 (16) 収益認識」及び「26. 売上高」)

2 財務諸表等

(1) 【財務諸表】 ···

a 【貸借対照表】

(単位：百万円)

	前事業年度 (2022年3月31日)	当事業年度 (2023年3月31日)
資産の部		
流動資産		
現金及び預金	151,009	110,127
受取手形	※3 1,042	※3 904
電子記録債権	※3 14,676	※3 15,870
売掛金	※3 174,319	※3 159,366
有価証券	3,110	－
商品及び製品	52,705	61,008
仕掛品	67,319	78,563
原材料及び貯蔵品	54,509	64,696
短期貸付金	※3 36,179	※3 48,105
前払費用	2,851	1,734
その他	※3 45,350	※3 45,596
貸倒引当金	△245	△241
流動資産合計	602,824	585,728
固定資産		
有形固定資産		
建物	86,332	105,267
構築物	4,823	5,998
機械及び装置	114,013	136,740
車両運搬具	432	318
工具、器具及び備品	28,177	29,260
土地	40,480	40,480
リース資産	704	730
建設仮勘定	16,658	15,498
有形固定資産合計	※2 291,619	※2 334,291
無形固定資産		
ソフトウェア	※2 3,191	※2 5,805
リース資産	17	9
のれん	1,006	－
工業所有権	3,907	2,874
顧客関係	896	773
その他	2,129	3,234
無形固定資産合計	11,146	12,695
投資その他の資産		
投資有価証券	1,452,460	※1 1,484,362
関係会社株式	※1 502,208	※1 509,059
関係会社出資金	84,811	83,688
長期貸付金	※3 26,715	※3 41,247
その他	※3 26,936	※3 29,923
貸倒引当金	△356	△363
投資その他の資産合計	2,092,774	2,147,916
固定資産合計	2,395,539	2,494,902
資産合計	2,998,363	3,080,630

（単位：百万円）

	前事業年度 （2022年3月31日）	当事業年度 （2023年3月31日）
負債の部		
流動負債		
電子記録債務	26,346	22,359
買掛金	※3 68,370	※3 60,019
短期借入金	※3 111,604	※1,※3 48,701
リース債務	274	258
未払金	※3 46,796	※3 40,982
未払費用	※3 21,495	※3 22,055
未払法人税等	5,145	5,370
契約負債	825	857
預り金	※3 6,018	※3 6,585
賞与引当金	23,967	23,839
役員賞与引当金	297	259
製品保証引当金	234	450
その他	11,659	4,966
流動負債合計	323,030	236,700
固定負債		
長期借入金	−	※1 90,000
リース債務	548	581
繰延税金負債	358,262	368,350
製品保証引当金	543	1,009
その他	※3 6,027	※3 4,829
固定負債合計	365,380	464,769
負債合計	688,410	701,469
純資産の部		
株主資本		
資本金	115,703	115,703
資本剰余金		
資本準備金	192,555	192,555
その他資本剰余金	1,745	1,779
資本剰余金合計	194,300	194,334
利益剰余金		
利益準備金	17,207	17,207
その他利益剰余金		
特別償却準備金	21	0
オープンイノベーション促進積立金	25	25
別途積立金	1,000,137	1,060,137
繰越利益剰余金	130,459	115,607
利益剰余金合計	1,147,849	1,192,976
自己株式	△93,299	△93,243
株主資本合計	1,364,553	1,409,770
評価・換算差額等		
その他有価証券評価差額金	945,400	969,391
評価・換算差額等合計	945,400	969,391
純資産合計	2,309,953	2,379,161
負債純資産合計	2,998,363	3,080,630

b 【損益計算書】

（単位：百万円）

	前事業年度 （自 2021年 4月 1日 至 2022年 3月31日）	当事業年度 （自 2022年 4月 1日 至 2023年 3月31日）
売上高	※1 848,253	※1 856,866
売上原価	※1 661,040	※1 664,417
売上総利益	187,213	192,449
販売費及び一般管理費	※1,※2 141,044	※1,※2 152,985
営業利益	46,169	39,464
営業外収益		
受取利息及び受取配当金	95,008	100,963
その他	7,735	5,528
営業外収益合計	※1 102,743	※1 106,491
営業外費用		
支払利息	143	1,300
その他	1,609	7,777
営業外費用合計	※1 1,752	※1 9,077
経常利益	147,160	136,878
特別利益		
固定資産処分益	6,940	1,003
投資有価証券売却益	25	65
関係会社清算益	※3 9,127	22
その他	559	6
特別利益合計	※1 16,651	※1 1,096
特別損失		
固定資産処分損	868	783
固定資産減損損失	1,576	－
投資有価証券評価損	177	1,059
抱合せ株式消滅差損	458	－
関係会社出資金評価損	1,718	560
訴訟関連損失	－	※4 6,748
その他	274	788
特別損失合計	※1 5,071	※1 9,938
税引前当期純利益	158,740	128,036
法人税、住民税及び事業税	12,428	14,909
法人税等調整額	13,870	△194
法人税等合計	26,298	14,715
当期純利益	132,442	113,321

c 【株主資本等変動計算書】

前事業年度（自　2021年4月1日　至　2022年3月31日）

（単位：百万円）

	株主資本							
	資本金	資本剰余金			利益剰余金			
		資本準備金	その他資本剰余金	資本剰余金合計	利益準備金	その他利益剰余金		
						特別償却準備金	オープンイノベーション促進積立金	別途積立金
当期首残高	115,703	192,555	1,718	194,273	17,207	76	25	965,137
会計方針の変更による累積的影響額	–	–	–	–	–			
会計方針の変更を反映した当期首残高	115,703	192,555	1,718	194,273	17,207	76	25	965,137
当期変動額								
特別償却準備金の取崩						△55		
オープンイノベーション促進積立金の積立							25	
オープンイノベーション促進積立金の取崩							△25	
別途積立金の積立								35,000
剰余金の配当								
当期純利益								
自己株式の取得								
自己株式の処分			27	27				
株主資本以外の項目の当期変動額（純額）								
当期変動額合計	–	–	27	27	–	△55	△0	35,000
当期末残高	115,703	192,555	1,745	194,300	17,207	21	25	1,000,137

	株主資本				評価・換算差額等		純資産合計
	利益剰余金		自己株式	株主資本合計	その他有価証券評価差額金	評価・換算差額等合計	
	その他利益剰余金 繰越利益剰余金	利益剰余金合計					
当期首残高	95,074	1,077,519	△69,243	1,318,252	806,005	806,005	2,124,257
会計方針の変更による累積的影響額	△497	△497	–	△497	–	–	△497
会計方針の変更を反映した当期首残高	94,577	1,077,022	△69,243	1,317,755	806,005	806,005	2,123,760
当期変動額							
特別償却準備金の取崩	55	–		–			–
オープンイノベーション促進積立金の積立	△25	–		–			–
オープンイノベーション促進積立金の取崩	25	–		–			–
別途積立金の積立	△35,000	–		–			–
剰余金の配当	△61,616	△61,616		△61,616			△61,616
当期純利益	132,442	132,442		132,442			132,442
自己株式の取得			△24,111	△24,111			△24,111
自己株式の処分			55	82			82
株主資本以外の項目の当期変動額（純額）					139,395	139,395	139,395
当期変動額合計	35,882	70,827	△24,056	46,798	139,395	139,395	186,193
当期末残高	130,459	1,147,849	△93,299	1,364,553	945,400	945,400	2,309,953

当事業年度（自　2022年4月1日　至　2023年3月31日）

（単位：百万円）

	株主資本							
	資本金	資本剰余金			利益剰余金			
		資本準備金	その他資本剰余金	資本剰余金合計	利益準備金	その他利益剰余金		
						特別償却準備金	オープンイノベーション促進積立金	別途積立金
当期首残高	115,703	192,555	1,745	194,300	17,207	21	25	1,000,137
当期変動額								
特別償却準備金の取崩						△21		
別途積立金の積立								60,000
剰余金の配当								
当期純利益								
自己株式の取得								
自己株式の処分			34	34				
株主資本以外の項目の当期変動額（純額）								
当期変動額合計	−	−	34	34		△21	−	60,000
当期末残高	115,703	192,555	1,779	194,334	17,207	0	25	1,060,137

	株主資本				評価・換算差額等		純資産合計
	利益剰余金		自己株式	株主資本合計	その他有価証券評価差額金	評価・換算差額等合計	
	その他利益剰余金	利益剰余金合計					
	繰越利益剰余金						
当期首残高	130,459	1,147,849	△93,299	1,364,553	945,400	945,400	2,309,953
当期変動額							
特別償却準備金の取崩	21	−		−			−
別途積立金の積立	△60,000	−		−			−
剰余金の配当	△68,192	△68,192		△68,192			△68,192
当期純利益	113,321	113,321		113,321			113,321
自己株式の取得			△14	△14			△14
自己株式の処分			70	104			104
株主資本以外の項目の当期変動額（純額）					23,991	23,991	23,991
当期変動額合計	△14,852	45,127	56	45,217	23,991	23,991	69,208
当期末残高	115,607	1,192,976	△93,243	1,409,770	969,391	969,391	2,379,161

【注記事項】
　（重要な会計方針）
1. 資産の評価基準及び評価方法 ･･････････････････････････････
（1）満期保有目的の債券 ･･････････････････････････････
　　償却原価法（定額法）。

（2）子会社株式及び関連会社株式 ･･････････････････
　　移動平均法による原価法。

（3）その他有価証券 ･････････････････････････････
　　a. 市場価格のない株式等以外のもの
　　　期末日の市場価格等に基づく時価法
　　　（評価差額は全部純資産直入法により処理し，売却原価は移動平均法により
　　　算定）。
　　b. 市場価格のない株式等
　　　移動平均法による原価法。

（4）デリバティブ ･････････････････････････････････
　　時価法。

（5）棚卸資産 ･･･････････････････････････････････
　　評価基準は原価法（収益性の低下による簿価切下げの方法）。
　　製品・仕掛品は売価還元法。
　　商品・原材料・貯蔵品は先入先出法または最終仕入原価法。

2. 固定資産の減価償却の方法 ･･････････････････････････
（1）有形固定資産（リース資産除く） ･･････････････････
　　定額法。なお，主な耐用年数は次のとおりです。
　　　建物・構築物　　　　　　　　　　　２～33年

機械及び装置・工具，器具及び備品　　　2～10年

(2)　無形固定資産（リース資産除く）‥‥‥‥‥‥‥‥‥‥‥‥‥‥‥‥‥‥‥
　定額法。なお，自社利用のソフトウェアについては，社内における利用可能期間（主として5年）によっています。

(3)　リース資産‥‥‥‥‥‥‥‥‥‥‥‥‥‥‥‥‥‥‥‥‥‥‥‥‥‥‥‥‥
　リース期間を耐用年数とした定額法。

3. 引当金の計上基準‥‥‥‥‥‥‥‥‥‥‥‥‥‥‥‥‥‥‥‥‥‥‥‥‥

(1)　貸倒引当金‥‥‥‥‥‥‥‥‥‥‥‥‥‥‥‥‥‥‥‥‥‥‥‥‥‥‥‥‥
　債権の貸倒れによる損失に備えるため，一般債権については貸倒実績率により，貸倒懸念債権等特定の債権については個別に回収可能性を検討し，回収不能見込額を計上しています。

(2)　賞与引当金‥‥‥‥‥‥‥‥‥‥‥‥‥‥‥‥‥‥‥‥‥‥‥‥‥‥‥‥‥
　従業員に対する賞与の支給に備えるため，支給見込額を計上しています。

(3)　役員賞与引当金‥‥‥‥‥‥‥‥‥‥‥‥‥‥‥‥‥‥‥‥‥‥‥‥‥‥‥
　役員に対する賞与の支給に備えるため，支給見込額を計上しています。

(4)　製品保証引当金‥‥‥‥‥‥‥‥‥‥‥‥‥‥‥‥‥‥‥‥‥‥‥‥‥‥‥
　保証期間中に発生が見込まれるアフターサービス費用に備えるため，販売済の一部の製品について，過去の支出実績等を基準にして算出した見積額を計上しています。

(5)　退職給付引当金‥‥‥‥‥‥‥‥‥‥‥‥‥‥‥‥‥‥‥‥‥‥‥‥‥‥‥
　従業員の退職給付に備えるため，当事業年度末における退職給付債務及び年金資産の見込額に基づき計上しています。

過去勤務債務は，発生時の従業員の平均残存勤務期間による定額法により費用処理しています。

　数理計算上の差異は，発生時の従業員の平均残存勤務期間による定額法により発生の翌事業年度から費用処理しています。

　なお，当事業年度末において，年金資産見込額が退職給付債務見込額を超過しているため，超過額を前払年金費用として「投資その他の資産」の「その他」に含めて計上しています。

4. 収益及び費用の計上基準 ···
収益の計上基準

　当社は，情報通信及び自動車関連等の市場における販売を主な収益源としています。

　利息及び配当金等を除く顧客との契約について，次のステップを適用することにより，収益を認識しています。

　ステップ1：顧客との契約を識別する。

　ステップ2：契約における履行義務を識別する。

　ステップ3：取引価格を算定する。

　ステップ4：取引価格を契約における履行義務に配分する。

　ステップ5：履行義務の充足時に（または充足するにつれて）収益を認識する。

　国内における出荷売上は出荷時から当該製品の支配が顧客に移転するまでの期間が通常の期間であることから，出荷時に収益を認識しています。

　輸出売上は物品輸送に関する危険負担責任の移転時に収益を認識しています。

　預託在庫売上は，契約により定められた所有権移転時に収益を認識しています。

（表示方法の変更）
貸借対照表

　前事業年度において，「流動資産」の「その他」に含めていた「短期貸付金」は，金額的重要性が高まったため，当事業年度より独立掲記しています。この表示方法の変更を反映させるため，前事業年度の財務諸表の組替えを行っています。

この結果，前事業年度の貸借対照表において，「流動資産」の「その他」に表示していた81,529百万円は，「短期貸付金」36,179百万円，「その他」45,350百万円として組替えています。

（重要な会計上の見積り）

　当事業年度の財務諸表作成にあたり行った会計上の見積りのうち，翌事業年度の財務諸表に重要な影響を与える可能性のあるものは次のとおりです。

1．固定資産の減損 ……………………………………………………………

（1）　当事業年度の財務諸表に計上した金額

　当社は，原則として事業を基準として資産のグルーピングを行っています。

　当事業年度は，営業活動から生ずる損益が継続してマイナスとなっている複数の事業において，減損の兆候があるとして減損損失の認識の要否の判定を実施した結果，減損損失の認識は不要と結論付けています。

（2）　財務諸表に計上した金額の算出に用いた主要な仮定

　減損の兆候がある事業について，当該事業から得られる割引前将来キャッシュ・フローの総額と帳簿価額を比較することによって減損損失の認識の要否の判定を行っています。

　割引前将来キャッシュ・フローの見積りは，グルーピング資産の継続的使用と使用後の処分によって生ずると見込まれる将来キャッシュ・フローにより算出しています。将来キャッシュ・フローの見積期間は主要資産の経済的残存使用年数を使用しています。割引前将来キャッシュ・フローは，マネジメントが承認した事業計画を基礎としています。事業計画の対象期間を超える将来キャッシュ・フロー予測を推定するために適用した成長率は，将来の不確実性を考慮し，算出しています。また，経済的残存使用年数終了後の処分によって生ずる将来キャッシュ・フローは将来時点の正味売却価額です。

　よって，減損損失の認識の判定は，将来キャッシュ・フロー及び成長率等の主要な仮定に基づいて実施しています。

（3）　翌事業年度の財務諸表に与える影響

　主要な仮定は，経営者の最善の見積りと判断により決定していますが，将来の不確実な経済条件の変動により影響を受ける可能性があり，仮定の見直しが必要となった場合，翌事業年度以降の財務諸表に重要な影響を与える可能性があります。

２．市場価格のない株式等の減損 ···

（1）　当事業年度の財務諸表に計上した金額

　市場価格のない株式等は，その実質価額を算定して減損の要否を判定しています。発行会社の財政状態の悪化により実質価額が著しく低下した時は，回復可能性が十分な証拠によって裏付けられる場合を除き，減損処理を実施しています。

　当事業年度末における貸借対照表計上額は次のとおりです。

（百万円）

区分	貸借対照表計上額
投資有価証券	34,831
関係会社株式	509,059
関係会社出資金	83,688

　なお，上記の「関係会社株式」に，超過収益力を反映して取得したKyocera SLD Laser, Inc.の株式 56,542百万円が含まれています。

　また，当事業年度において市場価格のない株式等の減損として，投資有価証券評価損442百万円，及び関係会社出資金

　評価損560百万円を損益計算書の「特別損失」に計上しています。

（2）　財務諸表に計上した金額の算出に用いた主要な仮定

　市場価格のない株式等の実質価額は，発行会社の純資産をもとに算出した1株当たりの純資産額に持株数を乗じて算定しています。また，簿価と実質価額を比較して，50%以上下落している場合には，必要に応じて将来の事業計画を入手し，合理的な実行可能性及び5年以内を基準に回復可能性を検討しています。よって，市場価格のない株式等の減損の要否の判定は，将来の事業計画等の主要な仮定に基づいて実施しています。

当社が保有するKyocera SLD Laser, Inc.の株式は，取得価額に超過収益力が含まれていることから，当事業年度末における同社の純資産額に超過収益力を加味して実質価額を算定し，減損の要否の判定を行っています。当社は，当事業年度末において同社株式取得時の事業計画及びマネジメントが承認した直近の事業計画等に基づき見積りを行った結果，超過収益力の減少はなく簿価と比較し実質価額が50％以上下落していないことから，当該株式の減損は不要と結論付けています。

（3）　翌事業年度の財務諸表に与える影響

　主要な仮定は，経営者の最善の見積りと判断により決定していますが，将来の不確実な経済条件の変動により影響を受ける可能性があり，仮定の見直しが必要となった場合，翌事業年度以降の財務諸表に重要な影響を与える可能性があります。

（会計上の見積りの変更）

　当社は当事業年度の期首より，一部のソフトウェアの耐用年数を2年から5年に変更し将来にわたり適用しています。この変更は直近のソフトウェアの利用実績を勘案し，より実態に即した耐用年数への見直しによるものです。この結果，従前の耐用年数を適用した場合と比較し，営業利益，経常利益及び税引前当期純利益は2,062百万円増加しています。

第2章

電気機器業界の
"今"を知ろう

企業の募集情報は手に入れた。しかし，それだけでは
まだ不十分。企業単位ではなく，業界全体を俯瞰する
視点は，面接などでもよく問われる重要ポイントだ。
この章では直近1年間の運輸業界を象徴する重大
ニュースをまとめるとともに，今後の展望について言
及している。また，章末には運輸業界における有名企
業（一部抜粋）のリストも記載してあるので，今後の就
職活動の参考にしてほしい。

▶▶かつての「お家芸」，復権なるか

電気機器 業界の動向

「電気機器」は，電気機器の製造に関わる業態である。インフラやプラントを手掛ける「重電」と，家庭用の洗濯機や冷蔵庫といった「家電」など，取り扱う製品によって大きく分類される。

❖ 総合電機メーカーの動向

電機産業は，自動車とともに日本の製造業を支えてきた重要な柱である。日立・東芝・三菱電機・ソニー・パナソニック・シャープ・NEC・富士通の，電機大手8社の売上合計は50兆円迫る。

かつては日本ブランドの象徴として，経済成長を支えてきた電機メーカーだが，2000年代に入り収益が悪化，リーマンショック以降，2017年まで売上は減少を続けてきた。低迷の理由としては，日本からの経済支援，技術供与などで中国や韓国のメーカーが急成長を果たし，個人向け電化製品（白モノ家電）や情報端末などで国産メーカーの価格競争力が低下したこと。また，日本の大手は発電設備などの重電からテレビ，白モノ家電に至るまで何でも手掛ける総合メーカーであるため，資本や技術が分散し，効率的な展開ができなかったことがあげられる。2008年以降の10年間で，売上を伸ばしたのは三菱電機のみ，純利益累計が黒字なのは，三菱，日立，富士通のわずか3社のみという厳しい市況から，各社とも経営改善に向けて，不採算事業の整理，優良事業の拡大など，構造転換を積極的に進めている。

●復活を目指す東芝，シャープ，パナソニック

東芝は，2015年の不正会計発覚，2016年度の米原子力事業子会社の法的整理に伴う大幅な赤字から，2017年には優良資産である半導体メモリ事業を売却して精算を行い，社会インフラ事業，メモリ以外の半導体事業，ICT（情報通信）事業の主要3部門を分社化した。今後は，各事業で経営の自立性や機動力を高め，経営再建に向けて競争力を強化していく。また，

2016年には白モノ家電事業を中国の美的集団（マイディア）に，2017年にはテレビ事業を手がける傘下の東芝映像ソリューションを中国の海信集団（ハイセンス）に，2018年にはパソコン事業をシャープに売却をしており，事業を整理しつつ収益改善に動いている。

　東芝からパソコン事業を買い取り，同市場へ再参入を果たしたシャープは，2016年に台湾の鴻海（ホンハイ）精密工業に買収され，子会社となったあと，厳格なコスト削減を実施。親会社である鴻海の強みを活かしたパソコン事業のほか，長年培ってきた技術をもとに欧州で高級テレビ事業に参入するなど，新たな取り組みを行っており，2018年3月期には4年ぶりに黒字化を果たした。好採算の空気清浄機や調理家電が強みとなっている。

　2011年に業績不振に陥ったパナソニックは，コンシューマー向け主体から企業向け主体へと方向転換をしており，自動車の電子化・電動化を見据えて，車載事業への取り組みを強化している。2017年10月には電気自動車（EV）に搭載するリチウムイオン電池の生産拠点を一斉に増産し，生産規模を2倍にした。2021年度の売上高は3兆6476円と国内では圧倒的な存在感を誇る。また，戦略投資としてM&Aなどに1兆円を投じ，海外においては，2015年に自動車部品メーカーであるスペインのフィコサ・インターナショナルの株式49％を取得，2016年には米国の業務用冷凍・冷蔵ショーケースメーカー・ハスマンの全株式を取得し，米国で食品流通事業を強化した。2017年には欧州の物流ソリューション会社のゼテス・インダストリーズの株式57.01％を取得している。国内でも，2017年には住宅事業を手がけるパナホームを完全子会社化するなど，活発な買収，再編を実施している。

●資源の集中，優良事業を拡大させる日立，三菱，ソニー

　日立製作所は，2008年度に出した7873億円の純損失を機に，事業の選択を行い，社会インフラ事業に集中した。その結果，2010年，2011年度と連続最高純益でV字回復を果たした。この流れは継続中で，2016年もグループ会社の日立物流，日立キャピタルなど5社を実質的に売却した一方，2017年4月には英の昇降機企業と米国の空気圧縮機企業を買収。イタリアの鉄道車両・信号機メーカーも買収し，英国の実績とあわせて欧州での鉄道車両関連事業で存在感を増しており，目標のひとつであるグローバル展開も拡大している。海外の売上比率は2017年度の48％から50％に伸び，国内と同等規模になっている。

　三菱電機は，携帯電話事業などから早々に撤退し，工場の自動化（FA）

など企業向けビジネスで業績を伸ばしており，日本の電機業界の中では数少ない「勝ち組」といわれている。2025年度までにFAシステム事業の売上を9000億円以上とする目的を掲げ，国内では2021年度までの稼働を目指し，2工場の新設を検討中。2018年6月には中国に工場を新設した。あわせて，中国拠点の増強やインドでの工場新設も検討を始めており，2021年度までに400億円を投資して，国内外をあわせた生産能力を4割程度引き上げる計画を進めている。また，2018年に勃発した米中貿易摩擦に対応して，中国で行っていた加工機2種の生産を国内工場に移管するなど，国際情勢に即した機敏な対応も行っている。

　業績不振にあえいでいたソニーも，2018年3月期の純利益は4907億円と，過去最高益を達成した。ゲーム・ネットワークサービス，スマートフォン向け画像センサーといったIT関連部材など優良事業を強化しつつ，不振事業からの撤退や人員削減などで収益力を回復させ，テレビ事業では「量から質」へ転換し，4Kや有機ELなどの高級路線で欧米でのシェアを拡大させている。ただし，好調だった半導体事業は，スマートフォン市場の影響を受けやすい。スマートフォン自体が成熟期に入り，機能面での差別化が難しくなっているため，価格競争に陥りやすく，今後は納入する部品価格にもその影響が出てくることが予想される。2017年11月，2006年に販売終了した家庭用犬型ロボット「アイボ」を復活させ，その発表会で平井社長は「感動や好奇心を刺激するのがソニーのミッション」と強調した。すでにロボット型の掃除機が普及している家庭向けロボット市場は，潜在的な需要の見込まれる市場であり，新しいデバイスの導入による新しい価値の提供で市場を開拓することが期待される。

❖ 白モノ・生活家電の動向

　日本電気工業会の調べでは，2022年度の白モノ家電の国内出荷金額は前年度比微増の2兆5887億円となった。新型コロナウイルスで在宅時間が増加し，自宅の生活を豊かにしようという特需が落ち着き，それに加えて半導体をはじめとする部品・部材不足が直撃したことが原因と見られる。

　海外市場では，アジアなどの新興国において，世帯年収2万ドル以上の中間層が拡大している。それに伴い，白モノ家電の普及が進行中で，とくにドライヤーや炊飯器などの小型家電を中心に，さらなる需要拡大が見込

まれている。

　冷蔵庫，洗濯機，エアコンなど，生活必需品として手堅い需要のある白モノ家電だが，電機各社の経営戦略の流れのなかで，大きな転換を迫られている。東芝は2016年6月，白モノ家電事業を中国の美的集団に売却した。日立と三菱電機は売上規模を追わず，高付加価値製品に注力している。そんななかでパナソニックはシェアを伸ばし，エアコンやドラム式洗濯機など9市場で販売台数1位を獲得。国内家電市場全体でシェア3割近くを占め，過去30年で最高を更新した。パナソニックでは，エアコンや給湯システム，自動販売機や厨房機器といった食品流通，レンジ・食洗機などのスモール・ビルトインを高成長領域として積極的な投資を行い，グローバルでの成長を目指すという。

●注目を集めるIoT家電とこだわり家電

　白モノ家電の新展開として注目されているのが，ネットと連動するIoT家電である。スマートフォンで操作できるエアコンやロボット掃除機などが次々と登場している。シャープから発売された電気無水鍋「ヘルシオ　ホットクック」は無線LANを搭載しており，スマホからメニュー検索や遠隔操作などが可能になっている。また，人工知能（AI）によるメニュー提案も行う。家庭内でのIoTに関しては，2017年，電機メーカーを含めた大手企業やメーカーが集まり，業界の垣根を超えて「コネクティッドホーム　アライアンス」を設立した。パナソニックをはじめ，東急やトヨタ自動車などの自動車メーカー，TOTO，LIXIL，YKKAPなどの住宅設備メーカー，中部電力や大阪ガスなどインフラ企業まで77社が名を連ねており，これまで各企業がバラバラに取り組むことでなかなか進展せず，世界から遅れをとっていた国内IoTの取り組みを推進するという。

　また，こだわりの商品を手掛ける家電ベンチャーも活気づいている。バルミューダが販売するトースターは2万円という高額ながら，30万台を売る異例の大ヒットとなった。世界No.1の清浄能力を持つ空気清浄機やスタイリッシュな加湿器を販売するcado（カドー），全自動衣類折りたたみ機「ランドロイド」を開発したセブン・ドリーマーズ・ラボラトリーズなど，大手にはない視点でものづくりに挑んでいる。

❖ デジタル家電の動向

　電子情報技術産業協会によれば，2022年の薄型テレビ国内出荷台数は486.6万台と前年度より急落した。巣篭もり特需による需要先食いが落ち着いたことに加えて，価格競争が激化したことが原因と見られる。

　2017年以降，液晶に続く次世代モデルとして，有機ELテレビに注目が集まっている。有機ELテレビは，電圧をかけると有機材料自体が光る仕組みで，液晶よりも多彩な色彩を鮮やかに再現できる。また画面が5mm程度と薄く，重量も8kg程度で軽いうえに，消費電力も液晶テレビの1割程度で経済的である。国内では，2017年に東芝，パナソニック，ソニーが対応製品の販売を開始しており，当初は40万以上の高価格帯ばかりだったが，2018年に入り20万円台の商品も販売されるなど，低下傾向にある。海外では，ソニーが欧州の有機ELテレビ市場において，65インチは60％，55インチは70％と圧倒的なシェアを獲得している。世界全体のプレミアム製品市場でも44％のシェアとなっており，高級路線への切り替えに成功している。

　オーディオ分野では，高解像度で音の情報量がCDの約6.5倍あるというハイレゾリューション（ハイレゾ）音源が人気を集めている。ハイレゾは，レコーディングスタジオやコンサートホールで録音されたクオリティーがほぼ忠実に再現できるといわれており，ヘッドホンや携帯音楽プレーヤーなど，ハイレゾ対応機器の市場に期待が集まっている。

●4K・8K放送の抱える問題

　すでにCSの一部やケーブルテレビ，ネット動画サービスなどで4Kコンテンツは配信されているが，2018年12月にサービスが開始された新4K・8K衛星放送は4Kテレビへの移行を喚起する目玉のコンテンツといえる。ただ，放送開始前に販売されていた4K対応テレビの多くには，放送を受信するためのチューナーが内蔵されておらず，視聴にはチューナーを別途購入する必要がある。また，アンテナや配線の交換が必要となるケースもあるため，どこまで視聴者を増やせるか，疑問視する声もある。加えて，新4K・8K衛星放送を受信・視聴するには，放送の暗号化情報を解除するため，現行のB-CASカードに変わる「新CAS（ACAS）」チップが必要となる。このチップも，これまでに販売された4Kテレビには付与されていないため，視聴の際には別途，メーカーなどから提供を受けなければならなくなる。新4K・

8K衛星放送に関しては，サービスの開始時期やチューナー，新CASチップなど，告知が不十分な面もあり，今後のていねいな対応が求められている。

❖ パソコン・タブレット・携帯端末の動向

　2022年度の国内パソコン（PC）出荷台数は前年比4.4％減の1123万台（IDC調べ）だった。新型コロナ影響でリモートワークが進んだことと，「GIGAスクール」などの学習環境のオンライン化が急速に進んだことの反動が要因と考えられる。

　徐々に冷え込みを見せる国内事情と同様に，世界出荷台数も前年比2割減の2億9199万台となった。

　ここ数年，PCの好調の皺寄せがきていたスマートフォンだが，2022年における世界の出荷台数は前年比減の12億550万台（米IDC調べ）となった。市場シェアでは，韓国サムスン電子が20以上％を占め首位をキープ，米アップルは18.8％で2位，中国のHuaweiは米政府の規制が影響し，世界上位5から転落した。国内では，2022年のスマートフォン出荷台数は2810万台。メーカー別では，アップルがトップ。シャープ，ソニーが続いている。

　タブレットの2022年世界出荷台数は1億6280万台（米IDC調べ）。世界シェアの約半分を占めるアップルのiPadの21年5月発売の新製品効果により堅調な成長を見せている。スペックも向上し，ノートPCとの機能差，価格差は年々小さくなってきている。

❖ 半導体の動向

　日本の半導体政策が大きな転機を迎えている。2022年8月に最先端半導体の国産化を目指す「ラピダス」が設立された。同社にはトヨタ自動車やソニーグループなど国内の主要企業8社が出資，経済産業省は2023年4月までに3300億円の助成を決めるなど全面的にバックアップしている。

　半導体市場は，技術革新が著しく，巨額の研究開発費と設備投資によって高性能な製品開発を進めるビジネスといえる。IoTが普及すれば，家電や自動車から工場まで，あらゆるモノに半導体が搭載されることから，大きな需要増が見込まれる。そのため，世界の各企業は，これから到来するIoT

時代に備えてM&Aを進め，規模の拡大，製品ラインナップの拡充を目指している。

2015年，米アバゴ・テクノロジーは同業の米ブロードコムを約4.6兆円で買収した。2016年にはソフトバンクグループが約3.3兆円で英半導体設計大手のARMを買収しており，日本企業による海外企業買収では過去最大の規模となる。ソフトバンクグループは，2017年にも半導体メーカーのエヌビディアへ4000億円を投資している。また，2017年にはインテルが車載カメラや半導体メーカーのモービルアイを約1兆7000億円で買収している。なお，成功はしなかったが，2016年には米クアルコムがオランダのNXPを約5兆円で買収することを計画。2017年11月には，前述のブロードコムがクアルコムに約12兆円で買収を提案していた。

国内企業に関しては，2017年，東芝が半導体事業を売却したが，ソニーは画像センサーで世界首位を誇っている。画像センサーは，スマートフォン用カメラなどで，被写体の動きを感知して撮影できるように助けるシステムで，ソニーはアップルのiPhoneに搭載されるセンサーを納品しており，世界シェアは44％超となっている。

自動車用半導体を手掛ける国内大手ルネサスエレクトロニクスは，自動運転技術の進化を見据えて，2022年の車載半導体シェア30％を狙っており，2016年に米半導体メーカーのインターシルを約3400億円で買収した。また，2018年9月には，同じく米国のインテグレーテッド・デバイス・テクノロジー（IDT）を約7500億円で買収すると発表した。IDTはセンサーと無線技術に強く，これも自立走行車向けの展開を見据えた買収といえる。一方，半導体製造装置の日立国際電気は，日立グループを離れ米KKRの傘下に入っている。

高速通信規格「5G」の実用化を受けて，2020年移行，半導体市場は成長を続けていた。しかし，半導体メーカーの相次ぐ工場トラブルにより，世界的に半導体不足が深刻化している。

電気機器業界

直近の業界各社の関連ニュースを
ななめ読みしておこう。

白物家電出荷額、4〜9月は3%減　猛暑でもエアコン低調

日本電機工業会（JEMA）が23日発表した民生用電気機器の4〜9月の国内出荷額は前年同期比3.2%減の1兆3116億円だった。記録的な猛暑でもエアコンなどの出荷が低調だった。3月時点では2.5%増の1兆3894億円になると見込んでいたが、一転して2年ぶりの前年実績割れとなった。

円安や部材価格の上昇などで白物家電の単価は上昇傾向にある。一部の高機能機種が人気を集める一方で、多くの消費者は節約志向を強めている。JEMAは4〜9月の国内出荷額が期初の見通しを下回った理由について、「単価の上昇よりも数量が前年を下回った影響が大きかった」と説明する。

品目別では出荷額に占める割合が大きいエアコンの出荷台数が514万5000台となり、前年同期に比べ8.9%減少した。23年の夏は記録的な猛暑となったものの、過去10年の4〜9月の平均（518万9000台）をやや下回る水準だった。調査会社GfKジャパン（東京・中野）の新井沙織シニアマネージャーは「過去数年続いた高需要の反動が出た」と指摘する。

冷蔵庫の出荷台数は6.9%減の184万台だった。容量別で小・中容量帯は微増となったが、大容量帯は前年同期を下回った。メーカー関係者は「多少高価でも時短や手間の軽減に出費を惜しまない人と、そうでない人との二極化が進んでいる」と話す。

洗濯機の出荷台数は0.4%増の208万3000台だった。乾燥機能が付いているドラム式洗濯機は時短効果が高く、消費者からの人気を集めている。JEMAの統計でも洗濯乾燥機の出荷台数に占めるドラム式の構成比は初めて8割を超えた。

新型コロナウイルスの感染症法上の扱いが「5類」に移行した影響で、旅行などのレジャー消費は上向いている。外出機会の増加に伴ってドライヤーの出荷台数が4%増の228万2000台となるなど、理美容家電は好調だった。「イン

バウンド（訪日外国人）が回復し、お土産として買う需要が戻りつつある」（メーカー担当者）といった声もある。

電気代の高騰を受け、家庭での消費電力割合が一番高いエアコンでは省エネルギー性能が高い一部の高機能機種への関心が高まっている。三菱電機によると、人の脈波から感情を解析する機能を搭載した旗艦機種の販売数量は7月に前年同月比で3割増えた。

日立製作所の家電子会社、日立グローバルライフソリューションズ（GLS）は11月に発売するドラム式洗濯機から家電の「指定価格制度」を適用する。小売価格を指定する代わりに、売れ残った在庫の返品に応じる。

原材料価格の高騰や円安によって、製品単価の上昇は続く見通し。日立GLSは一定の需要がある高機能製品で利益率を確保する狙いだ。伊藤芳子常務は「適正な価格で購入してもらい、必要な商品開発サイクルの期間を確保したい」と話す。

（2023年10月23日　日本経済新聞）

Amazon、アレクサに生成AI搭載　「人間らしく会話」

米アマゾン・ドット・コムは20日、音声アシスタント「アレクサ」に生成人工知能（AI）技術を幅広く搭載すると発表した。同社のスマートスピーカーなどで利用者がより自然な会話をしたり、複雑な指示を出したりできるようになる。

東部バージニア州アーリントンの第2本社で新製品発表会を開いた。デバイス・サービス担当のデイブ・リンプ上級副社長が登壇し、アレクサは「（生成AIの技術基盤である）大規模言語モデルにより、まるで人間と話しているかのように速く応答できる」と強調した。

自社開発の大規模言語モデルをアレクサに組み込むことで、会話の文脈を踏まえた返答や、利用者の好みや関心に合わせた回答が可能になる。発表会では利用者がスポーツや料理についてアレクサに質問した後、友人に送るメッセージの作成を依頼すると、アレクサがスポーツや料理の話題を盛り込んで文章を作る実例を示した。

生成AIの搭載で会話表現が豊富になる。状況に応じてアレクサの音声のトーンを変え、利用者にとってより自然に聞こえるようにする。

生成AI機能はまず米国で2024年にかけて段階的に提供を始める。ソフトウ

エアの更新によりアレクサを高度化するため、旧型の端末でも利用できる。当初は無料とするが、将来は有料化を検討している。

22年秋以降、米オープンAIの対話型AI「Chat（チャット）GPT」をはじめとした生成AIが急速に普及した。アマゾンなどの音声アシスタントは従来、事前にプログラムされた範囲で会話や指示に応えることが多く、やりとりに柔軟に対応することが難しかった。

日本など米国以外での提供については「できるだけ早くあらゆる言語に対応したい」（デバイスの国際担当、エリック・サーニオ副社長）としている。

同日、スマートスピーカーやスマートホーム機器などハードウエアの新製品も披露した。

画面やカメラを備えるスマートスピーカーの新製品「エコーショー8」では画像認識技術を使い、利用者と端末の距離に応じて画面への表示内容を変える機能を搭載した。米国での価格は149ドル99セントからで、10月下旬に発売する。

アレクサで操作できる家電などをまとめて管理する端末として、8インチの画面を備えた「エコーハブ」を新たに売り出す。毎日決まった時間に照明と冷房を付けるなど、複数の家電にまたがる操作を一括で設定できる。日本でも販売し、価格は2万5980円。21日から注文を受け付ける。

アマゾンは23年5月、西部ワシントン州シアトルに続く第2本社をアーリントンに開いた。当初は第2本社を米東部ニューヨーク市と首都ワシントン近郊のアーリントンの2カ所に分割して設置すると表明したが、ニューヨークでは地元政治家らの反発を受けて19年に計画を撤回した経緯がある。

アーリントンの第2本社ではアマゾンの従業員約8000人が働く。新型コロナウイルスの感染拡大や働き方の変化を経て、一部の区画で着工を延期している。

（2023年9月21日　日本経済新聞）

サムスン、スマホも力不足　半導体不振で14年ぶり低収益

韓国サムスン電子が14年ぶりの低収益に苦しんでいる。27日発表の2023年4～6月期業績は営業利益が前年同期比95%減の6700億ウォン（約730億円）だった。半導体部門の巨額赤字を他部門の収益で穴埋めして辛うじて黒字を確保したものの、これまで補完役を担ってきたスマートフォン事業の収益力低下が鮮明になっている。

26日夜、ソウル市の大型展示場には世界各地からユーチューバーやインフル

エンサーが集結していた。その数、1100人。お目当てはサムスンの最新スマホの発表だ。

これまで欧米各都市で年2回実施してきた同社最大イベントを初めて母国で開催。「BTS（防弾少年団）」など人気グループのメンバーも駆けつけ、発表会に花を添えた。

サムスンはこの場で、折り畳みスマホの最新機種を公開した。スマホ事業を統括する盧泰文（ノ・テムン）社長は「わずか数年で数千万人の折り畳みスマホ利用者の笑みがあふれた。今後数年でその市場は1億台を超えるだろう」と自信を示した。

最新機種「ギャラクシーZフォールド5」と「ギャラクシーZフリップ5」を8月に発売する。最大の特徴は、既存製品と比べて折り畳んだ時の厚さが2ミリメートル薄く、よりコンパクトにポケットに収まる点だ。Zフリップ5では背面ディスプレーの表示面積を3.8倍に広げた改良点もある。

小型の「Zフリップ5」は背面ディスプレーの面積を3.8倍に広げた

ただ、価格帯やカメラ性能、メモリー容量などは現行モデルと変わらず、消費者の購買意欲を高められるかは見通しにくい。

買い替え頻度の低下はサムスンに限った問題ではない。スマホの技術革新の余地が年々狭まり、消費者の需要を喚起できなくなっている。消費者側が現状のスマホに満足し、機能拡充を求めなくなったという面もある。

この汎用品（コモディティー）化の進展とともに安価な中国製スマホが台頭したことで、首位サムスンのシェアはじりじりと低下した。世界シェアは13年時点の31%から22年に21%まで下がった。スマホ部門の営業利益は13年の25兆ウォンから、22年に11兆6700億ウォンへと半減した。

かつてサムスンは半導体とスマホ（携帯電話）の「二本柱」で稼ぐ収益構造だった。振れ幅の大きい半導体事業が不振の時はスマホ部門が補い、安定成長を続けた。さらにディスプレーと家電・テレビ部門を持ち、巨額の半導体投資の原資を生み出してきた。

10年代に入るとディスプレーと家電・テレビが中国勢との激しい競争にさらされて収益力が低下。スマホでも中国勢の追い上げが続き、気がつけば半導体事業に依存する「一本足」の収益構造が鮮明になった。

そこに直撃したのが14年ぶりの半導体不況だ。23年4〜6月期の部門業績は、半導体が4兆3600億ウォンの営業赤字だったのに対し、スマホは3兆400億ウォンの黒字。ディスプレーが8400億ウォンの黒字、家電・テレビは7400億ウォンの黒字にとどまった。全体では何とか黒字を確保したものの、

半導体以外の力不足が露呈した。

サムスンは新たな収益源を生み出そうと、汎用品化の波にあらがってきた。

今回発表した折り畳みスマホもその一つだ。半導体やディスプレーを自ら手掛ける「垂直統合型」のサムスンが自社と協力会社の技術を持ち寄って19年に新市場を切り開いた。

その後、競合他社も追従して市場自体は大きくなった。しかし技術革新の余地は早くも狭まり、サムスンにとって5代目となる23年モデルの機能拡充は小幅にとどまった。このまま機能の優位性を打ち出せなければ、収益がしぼむリスクがある。

サムスンの主要事業は中国企業との競争にさらされ、長期的に収益力が低下傾向にある。それが今回の半導体不況で改めて浮き彫りになった。6月末時点で10兆円超の現金性資産も活用し、新たな収益事業の確立を急ぐ必要性が高まっている。

（2023年7月27日　日本経済新聞）

省エネ家電購入へ自治体支援　電気代値上げ、申請殺到も

自治体が住民を対象に省エネ家電の購入支援策を相次ぎ打ち出している。富山県や横浜市では家電の省エネ性能などに応じて最大3万〜4万円分を還元し、買い替えで家計の電気代負担を軽くする。6月に家庭向け電気料金の引き上げを各地で迎えるなか、申請が殺到し、開始から10日間で予算が尽きる自治体も出ている。

富山県は5月の補正予算に支援事業費として5億円を計上し、準備を進めている。各家電の省エネ性能を星印で示した国の「統一省エネラベル」の星の数などに応じて、エアコン、冷蔵庫、発光ダイオード（LED）照明を購入した県民に1000〜4万円分のキャッシュレス決済のポイントを付与する。

例えば星が4つ以上かつ冷房能力3.6キロワット以上のエアコンならポイントは2万円分で、県内に本店がある登録事業者の店舗で購入した場合は2倍とする。ポイントの代わりに県産品と交換できるギフトカードも選べる。財源には国の地方創生臨時交付金を活用する。

政府の認可を受け、6月から中部、関西、九州を除く電力大手7社の家庭向け電気料金が引き上げられた。政府試算による標準的な家庭の値上げ幅は北陸電力が42％と最も高い。富山県の担当者は「電気代は生活への影響が大きく、

支援したい」と話す。

事業開始は7月の想定だったが、「早めてほしい」との県民の声を受け、6月中へ前倒しを目指している。

青森県もエアコンなどの購入者に統一省エネラベルなどに応じて1000〜6万円分のポイントや商品券を還元する事業を8月下旬に始める。横浜市も同時期から購入金額の20%、上限3万円分を還元する。

東京都は4月、家庭の脱炭素化を図るため省エネ家電の購入者に付与する独自のポイントを2〜3割引き上げた。ポイントは商品券などと交換できる。

電気代高騰を受けて省エネ家電の購入を自治体が支援する動きは22年度後半ごろから出てきている。電気代を下げる政府の激変緩和策は9月で期限が切れる。家計への圧力が強まるなか、生活支援策として購入支援に関心を寄せる自治体は増えている。

県の大部分が6月の値上げを申請しなかった中部電力管内にある岐阜県も、省エネ家電の購入額に応じた最大4万円の現金給付を始める。購入者は後日レシートなどと合わせて申請し、県は指定の口座に振り込む。詳細は調整中だが、5月9日以降の購入分なら適用する。

県の担当者は「電気代が高い状態が長く続いている。省エネ家電への切り替えで家計の負担軽減と、地域の脱炭素化を進めたい」と話す。

住民の関心が高く、申請が殺到する事例も起きている。最大5万円の購入支援を5月1日に始めた広島県福山市は、予算が上限に達したとして購入者からの申請受け付けを10日に終了した。本来は8月末まで受け付ける予定だった。

約1億円の予算を組んだが「家電販売店での事前周知や、事業の開始が大型連休中に重なったことが影響した」(市担当者)もようだ。同市は反響の大きさを踏まえ、予算の追加を検討している。

（2023年6月2日　日本経済新聞）

バッテリーなどリサイクル強化　経産省、法改正視野

鉱物資源を含むバッテリーなどのリサイクル促進に向け、経済産業省は関連制度の見直しを進める。近く有識者検討会を作り、資源有効利用促進法などの改正を視野に議論を始める。リサイクルしやすい製品設計をメーカーに求めたり、製品回収をしやすくしたりすることを目指し、具体的な改正内容を詰める。27日にまとめた「成長志向型の資源自律経済戦略」の案に方針を盛り込んだ。

西村康稔経産相は「日本が世界に先駆けて取り組む意義は大きい」と期待を寄せた。

検討会では太陽光パネルやバッテリーなどを、リサイクルの重点品目に追加することなどを議論する。現在は家電製品などが重点品目になっている。政府が認定した製品を製造する設備への支援なども視野に入れる。

産学官の共同事業体も立ち上げる。リサイクル資源の利用・供給の目標達成に向けた行程表や、流通データなどをやりとりする基盤を作ることを検討する。

鉱物資源は埋蔵量が地域的に偏在しているものが少なくない。インドネシアによるニッケル鉱石の輸出禁止など、特定国が供給を絞り世界全体で影響が出たこともある。

日本は多くを輸入に頼り、十分な量の供給を受けられない事態もあり得る。日本で家庭から出る一般廃棄物のリサイクル率は20％に満たない。経済協力開発機構（OECD）全体の24％を下回り、リサイクルを強化すれば鉱物などを確保できる余地がある。

リサイクルは採掘などに比べ、二酸化炭素の排出量が最大で9割程度削減できるとされる。供給網寸断への備えと同時に、脱炭素化も進める狙いだ。

（2023年3月27日　日本経済新聞）

▶労働環境

職種：物流企画　　年齢・性別：30代前半・男性

- 残業代は基本的に全額出ますが，残業規制が厳しくなりました。
- 労働量は部署によってまちまちで，繁忙期は休日出勤がある場合も。
- ノートPCで社外，自宅で仕事する場合も残業代は支払われます。
- 役職が上がると裁量性が導入されるため，年収が下がります。

職種：法務　　年齢・性別：30代前半・男性

- サービス残業，休日出勤は一切なく，年休も取得しやすいです。
- 2000年頃までは遅い時間まで働くことを良しとしていましたが，各人のライフスタイルに合わせて勤務できていると感じます。
- 自宅で仕事を行うE–ワークも推奨されています。

職種：研究・開発（機械）　　年齢・性別：20代後半・男性

- 社員同士の仲が良く，業務を行う上で協力関係を築きやすいです。
- 自分のやる気次第で，難しい技術に挑戦できる環境にあります。
- 責任ある仕事を任され，製品に関わっていることを実感できます。
- 失敗を恐れず，チャレンジすることが求められる社風です。

職種：ソフトウェア開発（制御系）　　年齢・性別：20代後半・男性

- フレンドリーな職場だと思います（体育会的という意味ではなく）。最低限の上下関係はありますが，とても自由な雰囲気だと思います。
- 管理方法としては，自己流・自社流で時代遅れの感は否めません。
- 最近はマネージメント力強化の取り組みを始めているようです。

▶福利厚生

職種：機械・機構設計，金型設計（機械）　　年齢・性別：20代後半・男性
- 福利厚生は大手企業だけあって，とても充実しています。
- 3カ月の研修の間は家賃，食費，光熱費は一切かかりません。
- 自営ホテルが格安で使えたり，帰省費用も出してもらえます。
- ただし，昇給制度は良くありません。

職種：一般事務　　年齢・性別：20代後半・女性

- 福利厚生はとても充実していると思います。
- 住宅補助は大阪だと独身寮，関東だと借り上げ寮となります。
- 事務の女性は皆年に1回は，1週間の連続有休を取得しています。
- 2010年以降は，先輩方が産休などを取得するようになりました。

職種：空調設備設計　　年齢・性別：20代後半・男性

- 金銭面の福利厚生はまったくないと考えておいたほうがいいです。
- 住宅手当がないのが一番大きいです。
- 退職金も確定拠出年金に移行したため，額の少なさに驚くかも。
- 保険が安かったり年休が取りやすかったりと，良い面もあります。

職種：サーバ設計・構築　　年齢・性別：20代後半・男性

- 福利厚生は充実していると思います。
- 自動車任意保険，生命保険，医療保険はグループ割引がありお得。
- 誕生日月に誕生日プレゼントが会社から全社員宛てに貰えます。プレゼントの内容は，おそらく自社製品だと思います。

▶仕事のやりがい

職種：制御設計（電気・電子）　　年齢・性別：20代後半・男性

- 自分が設計開発に携わった製品が世に出た時，やりがいを感じます。
- 国内外のインフラ開発で，人々の生活を支えていると実感します。
- 多くの企業と情報交換できる点も非常に刺激的です。
- 自分の能力次第で実際に製品の売上が左右されるプレッシャーも。

職種：研究開発　　年齢・性別：30代前半・男性

- 次々に新しい業務が与えられるのでやりがいがあります。
- 海外勤務のチャンスも多くあり，望めば研修も受けられます。
- 開発に関しては非常に高い技術に触れることができます。
- 自身の開発能力を常に向上させることが大事だと思います。

職種：経営コンサルタント　　年齢・性別：20代前半・女性

- 顧客規模が大きいため，非常にやりがいが大きいです。
- 社会を動かしている感は大企業ならではのものがあります。
- 数億単位でお金が動いていくため，自分の裁量権を感じます。顧客も大手の経営層であったりするため，とても刺激があります。

職種：ソフトウェア開発（制御系）　　年齢・性別：20代後半・男性

- 少人数で開発するので，開発完了時の達成感は大きいと思います。
- 最近は新興国など市場の拡大もあり，非常にやりがいがあります。
- エコなど要求の変化もあり，やるべきことが増えてきています。
- 経営側もモチベーション向上のための取り組みを始めています。

▶ブラック？ホワイト？

職種：研究開発　　年齢・性別：20代前半・男性

・研究開発の方針がコロコロ変わるのが非常に問題だと思います。
・やめると言っていた分野を急に復活させることもしばしば。
・方針が急に変わる度に，その分野で働いていた優秀な人材が他社へ。
・方針が定まらないため，効率が悪くなり現場が疲弊します。

職種：デジタル回路設計　　年齢・性別：20代前半・男性

・よくも悪くも昭和の空気が色濃く残っている会社です。
・行事は基本的には全員参加が基本です。
・運動会や全社スポーツ大会といったイベントを実施しております。
・若手は応援団に駆り出されるため，体育会系のノリが必要です。

職種：評価・テスト（機械）　　年齢・性別：20代後半・男性

・技術部の場合，残業が月100時間を越える人も少なからずいます。
・部署によっては毎週のように休日出社が発生しているところも。
・会社側は残業時間を減らそうとしているようですが，管理職は残業してあたりまえくらいの考えが主流のように感じます。

職種：法人営業　　年齢・性別：30代後半・男性

・部門の統廃合を凄いスピードでやっています。
・この会社は7割が40歳以上のため，課長や部長が出向していきます。
・本社で仕事がないまま，部下なしの課長や部長となる人もいます。
・職階級のピラミッドが崩れた状態で非常に働きづらくなりました。

▶女性の働きやすさ

職種：一般事務　　年齢・性別：20代後半・女性

・産休や育休などの制度はしっかりしていて働きやすいと思います。
・管理職になるのは難しく，キャリアを求める女性には不向きかと。
・部署移動などもなく，同じ部署で働き続けることになります。
・安定，変化なしを求めるならばもってこいの職場だと思います。

職種：マーケティング　　年齢・性別：20代後半・男性

・男女差別はないので，とても働きやすいと思います。
・女性は4大卒・短大卒関係なく業務にあたるチャンスがあります。
・労働時間が長いため，出産すると途端に働きにくくなります。
・男女平等であるので，夫婦がそれぞれ別の国に駐在するケースも。

職種：回路設計・実装設計　　年齢・性別：20代後半・男性

・育児休暇を取得後，職場に復帰している女性社員も多くいます。
・女性の管理職は自分の周りではあまり見たことがありません。
・育休制度は使いやすいようですが，女性の労働環境改善はまだかと。
・男性社員が圧倒的に多いこともあり，男性社会なのだと思います。

職種：ソフトウェア関連職　　年齢・性別：20代後半・女性

・女性マネージャーは50人の部署に1人程度，部長以上も少ないです。
・育児休暇等を利用した場合は管理職になるのはほぼ難しいようです。
・部署によっては男尊女卑の考え方は根強く残っています。
・女性管理職を増やす方向にあるようですが，時間がかかりそうです。

▶今後の展望

職種：ソフトウェア開発（制御系）　　年齢・性別：20代後半・男性

- 新興国や国際的エコ意識から市場は拡大傾向にあると思います。
- ライバル企業は技術的には日系メーカー，新興市場は中国系です。
- 既存事業の動向はエアコンの需要が増え，開発案件が増えています。
- 今後はあえて別分野への大胆な展開はないと思います。

職種：経理　　年齢・性別：20代後半・男性

- 一応高いシェアは持っていますが，油断できない状況です。
- 断トツのトップシェアというわけでもないので競争は激化するかと。
- 既存事業については成長性というのはないのではと感じています。
- 今後の将来性については，疑問に感じるところです。

職種：研究・開発（機械）　　年齢・性別：20代後半・男性

- 会社設立以降ほぼ右肩上がりに業績を伸ばしています。
- 一度も赤字転落していないため，将来的にも安泰だと思います。
- リーマン・ショックでも業績を落とすことなく乗り越えてきました。
- 好況時に社員にバラまくことをしない堅実な経営方針がいいのかと。

職種：法人営業　　年齢・性別：20代後半・男性

- 一般的な商材のため市場がなくなることはないと思います。
- ただ，競合他社も多く，価格競争が厳しいのは否めません。
- 売るだけではなく技術的知識を身につけることが大事だと思います。
- 即潰れることはないとは思いますが，定年までいられるかどうか。

電気機器業界　国内企業リスト（一部抜粋）

区別	会社名	本社住所
電気機器	イビデン株式会社	岐阜県大垣市神田町 2-1
	コニカミノルタ株式会社	東京都千代田区丸の内 2-7-2　JP タワー
	ブラザー工業株式会社	名古屋市瑞穂区苗代町 15 番 1 号
	ミネベア株式会社	長野県北佐久郡御代田町大字御代田 4106-73
	株式会社 日立製作所	東京都千代田区丸の内一丁目 6 番 6 号
	株式会社 東芝	東京都港区芝浦 1-1-1
	三菱電機株式会社	東京都千代田区丸の内 2-7-3　東京ビル
	富士電機株式会社	東京都品川区大崎一丁目 11 番 2 号 ゲートシティ大崎イーストタワー
	東洋電機製造株式会社	東京都中央区八重洲一丁目 4 番 16 号 東京建物八重洲ビル 5 階
	株式会社安川電機	北九州市八幡西区黒崎城石 2 番 1 号
	シンフォニアテクノロジー株式会社	東京都港区芝大門 1-1-30　芝 NBF タワー
	株式会社明電舎	東京都品川区大崎二丁目 1 番 1 号 ThinkPark Tower
	オリジン電気株式会社	東京都豊島区高田 1 丁目 18 番 1 号
	山洋電気株式会社	東京都豊島区南大塚 3-33-1
	デンヨー株式会社	東京都中央区日本橋堀留町二丁目 8 番 5 号
	東芝テック株式会社	東京都品川区大崎 1-11-1 （ゲートシティ大崎ウエストタワー）
	芝浦メカトロニクス株式会社	神奈川県横浜市栄区笠間 2-5-1
	マブチモーター株式会社	千葉県松戸市松飛台 430 番地
	日本電産株式会社	京都府京都市南区久世殿城町 338 番地
	株式会社 東光高岳ホールディングス	東京都江東区豊洲 3-2-20 豊洲フロント 2F
	宮越ホールディングス株式会社	東京都大田区大森北一丁目 23 番 1 号
	株式会社　ダイヘン	大阪市淀川区田川 2 丁目 1 番 11 号
	ヤーマン株式会社	東京都江東区古石場一丁目 4 番 4 号
	株式会社 JVC ケンウッド	神奈川県横浜市神奈川区守屋町三丁目 12 番地

区別	会社名	本社住所
電気機器	第一精工株式会社	京都市伏見区桃山町根来 12 番地 4
	日新電機株式会社	京都市右京区梅津高畝町 47 番地
	大崎電気工業株式会社	東京都品川区東五反田 2-10-2 東五反田スクエア
	オムロン株式会社	京都市下京区塩小路通堀川東入
	日東工業株式会社	愛知県長久手市蟹原 2201 番地
	IDEC 株式会社	大阪市淀川区西宮原 2-6-64
	株式会社 ジーエス・ユアサ コーポレーション	京都市南区吉祥院西ノ庄猪之馬場町 1 番地
	サクサホールディングス株式会社	東京都港区白金 1-17-3 NBF プラチナタワー
	株式会社メルコホールディングス	名古屋市中区大須三丁目 30 番 20 号 赤門通ビル
	株式会社テクノメディカ	横浜市都筑区仲町台 5-5-1
	日本電気株式会社	東京都港区芝五丁目 7 番 1 号
	富士通株式会社	神奈川県川崎市中原区上小田中 4-1-1
	沖電気工業株式会社	東京都港区虎ノ門 1-7-12
	岩崎通信機株式会社	東京都杉並区久我山 1 丁目 7 番 41 号
	電気興業株式会社	東京都千代田区丸の内三丁目 3 番 1 号 新東京ビル 7 階
	サンケン電気株式会社	埼玉県新座市北野三丁目 6 番 3 号
	株式会社ナカヨ通信機	前橋市総社町一丁目 3 番 2 号
	アイホン株式会社	愛知県名古屋市熱田区神野町 2-18
	ルネサス エレクトロニクス株式会社	神奈川県川崎市中原区下沼部 1753 番地
	セイコーエプソン株式会社	長野県諏訪市大和三丁目 3 番 5 号
	株式会社ワコム	埼玉県加須市豊野台二丁目 510 番地 1
	株式会社 アルバック	神奈川県茅ヶ崎市萩園 2500
	株式会社アクセル	東京都千代田区外神田四丁目 14 番 1 号 秋葉原 UDX　南ウイング 10 階
	株式会社ピクセラ	大阪府大阪市浪速区難波中 2-10-70 パークスタワー 25F

区別	会社名	本社住所
電気機器	EIZO 株式会社	石川県白山市下柏野町 153 番地
	日本信号株式会社	東京都千代田区丸の内 1-5-1 新丸の内ビルディング
	株式会社京三製作所	横浜市鶴見区平安町二丁目 29 番地の 1
	能美防災株式会社	東京都千代田区九段南 4 丁目 7 番 3 号
	ホーチキ株式会社	東京都品川区上大崎二丁目 10 番 43 号
	エレコム株式会社	大阪市中央区伏見町 4 丁目 1 番 1 号 明治安田生命大阪御堂筋ビル 9F
	日本無線株式会社	東京都杉並区荻窪 4-30-16 藤澤ビルディング
	パナソニック株式会社	大阪府門真市大字門真 1006 番地
	シャープ株式会社	大阪市阿倍野区長池町 22 番 22 号
	アンリツ株式会社	神奈川県厚木市恩名 5-1-1
	株式会社富士通ゼネラル	神奈川県川崎市高津区末長 1116 番地
	株式会社日立国際電気	東京都千代田区外神田 4-14-1 (秋葉原 UDX ビル 11F)
	ソニー株式会社	東京都港区港南 1-7-1
	TDK 株式会社	東京都港区芝浦三丁目 9 番 1 号 芝浦ルネサイトタワー
	帝国通信工業株式会社	神奈川県川崎市中原区苅宿 45 番 1 号
	ミツミ電機株式会社	東京都多摩市鶴牧 2-11-2
	株式会社タムラ製作所	東京都練馬区東大泉 1-19-43
	アルプス電気株式会社	東京都大田区雪谷大塚町 1-7
	池上通信機株式会社	東京都大田区池上 5-6-16
	パイオニア株式会社	神奈川県川崎市幸区新小倉 1-1
	日本電波工業株式会社	東京都渋谷区笹塚 1-50-1 笹塚 NA ビル
	株式会社日本トリム	大阪市北区梅田二丁目 2 番 22 号 ハービス ENT オフィスタワー 22F
	ローランド ディー . ジー . 株式会社	静岡県浜松市北区新都田一丁目 6 番 4 号
	フォスター電機株式会社	東京都昭島市つつじが丘一丁目 1 番 109 号
	クラリオン株式会社	埼玉県さいたま市中央区新都心 7-2
	SMK 株式会社	東京都品川区戸越 6 丁目 5 番 5 号

区別	会社名	本社住所
電気機器	株式会社ヨコオ	東京都北区滝野川 7-5-11
	株式会社 東光	東京都品川区東中延 1-5-7
	ティアック株式会社	東京都多摩市落合 1 丁目 47 番地
	ホシデン株式会社	大阪府八尾市北久宝寺 1-4-33
	ヒロセ電機株式会社	東京都品川区大崎 5 丁目 5 番 23 号
	日本航空電子工業株式会社	東京都渋谷区道玄坂 1-21-2
	TOA 株式会社	兵庫県神戸市中央区港島中町七丁目 2 番 1 号
	古野電気株式会社	兵庫県西宮市芦原町 9-52
	ユニデン株式会社	東京都中央区八丁堀 2-12-7
	アルパイン株式会社	東京都品川区西五反田 1-1-8
	スミダコーポレーション株式会社	東京都中央区日本橋蛎殻町一丁目 39 番 5 号 水天宮北辰ビル ヂング
	アイコム株式会社	大阪市平野区加美南 1-1-32
	リオン株式会社	東京都国分寺市東元町 3-20-41
	船井電機株式会社	大阪府大東市中垣内 7 丁目 7 番 1 号
	横河電機株式会社	東京都武蔵野市中町 2-9-32
	新電元工業株式会社	東京都千代田区大手町二丁目 2 番 1 号 新大手町ビル
	アズビル株式会社	東京都千代田区丸の内 2-7-3(東京ビル)
	東亜ディーケーケー株式会社	東京都新宿区高田馬場一丁目 29 番 10 号
	日本光電工業株式会社	東京都新宿区西落合 1 丁目 31 番 4 号
	株式会社チノー	東京都板橋区熊野町 32-8
	株式会社共和電業	東京都調布市調布ヶ丘 3-5-1
	日本電子材料株式会社	兵庫県尼崎市西長洲町 2 丁目 5 番 13 号
	株式会社堀場製作所	京都市南区吉祥院宮の東町 2
	株式会社アドバンテスト	東京都千代田区丸の内 1 丁目 6 番 2 号
	株式会社小野測器	神奈川県横浜市港北区新横浜 3 丁目 9 番 3 号
	エスペック株式会社	大阪市北区天神橋 3-5-6
	パナソニックデバイス SUNX 株式会社	愛知県春日井市牛山町 2431-1

区別	会社名	本社住所
電気機器	株式会社キーエンス	大阪市東淀川区東中島 1-3-14
	日置電機株式会社	長野県上田市小泉 81
	シスメックス株式会社	兵庫県神戸市中央区脇浜海岸通 1 丁目 5 番 1 号
	株式会社メガチップス	大阪市淀川区宮原 1 丁目 1 番 1 号 新大阪阪急ビル
	OBARA GROUP 株式会社	神奈川県大和市中央林間 3 丁目 2 番 10 号
	日本電産コパル電子株式会社	東京都新宿区西新宿 7-5-25 西新宿木村屋ビル
	澤藤電機株式会社	群馬県太田市新田早川町 3 番地
	コーセル株式会社	富山県富山市上赤江町一丁目 6 番 43 号
	株式会社日立メディコ	東京都千代田区外神田 4-14-1（秋葉原 UDX 18 階）
	新日本無線株式会社	東京都中央区日本橋横山町 3 番 10 号
	オプテックス株式会社	滋賀県大津市雄琴 5-8-12
	千代田インテグレ株式会社	東京都中央区明石町 4-5
	レーザーテック株式会社	神奈川県横浜市港北区新横浜 2-10-1
	スタンレー電気株式会社	東京都目黒区中目黒 2-9-13
	岩崎電気株式会社	東京都中央区日本橋馬喰町 1-4-16 馬喰町第一ビルディング
	ウシオ電機株式会社	東京都千代田区大手町二丁目 6 番 1 号
	岡谷電機産業株式会社	東京都世田谷区等々力 6-16-9
	ヘリオス テクノ ホールディング株式会社	兵庫県姫路市豊富町御蔭 703 番地
	日本セラミック株式会社	鳥取市広岡 176-17
	株式会社遠藤照明	大阪府大阪市中央区本町一丁目 6 番 19 号
	株式会社日本デジタル研究所	東京都江東区新砂 1-2-3
	古河電池株式会社	神奈川県横浜市保土ヶ谷区星川 2-4-1
	双信電機株式会社	東京都港区三田 3-13-16 三田 43MT ビル 13F
	山一電機株式会社	東京都大田区南蒲田 2 丁目 16 番 2 号 テクノポート三井生命ビル 11 階
	株式会社 図研	横浜市都筑区荏田東 2-25-1
	日本電子株式会社	東京都昭島市武蔵野 3 丁目 1 番 2 号
	カシオ計算機株式会社	東京都渋谷区本町 1-6-2

区別	会社名	本社住所
電気機器	ファナック株式会社	山梨県南都留郡忍野村忍草字古馬場 3580
	日本シイエムケイ株式会社	東京都新宿区西新宿 6-5-1 新宿アイランドタワー 43F
	株式会社エンプラス	埼玉県川口市並木 2 丁目 30 番 1 号
	株式会社 大真空	兵庫県加古川市平岡町新在家 1389
	ローム株式会社	京都市右京区西院溝崎町 21
	浜松ホトニクス株式会社	静岡県浜松市中区砂山町 325-6 日本生命浜松駅前ビル
	株式会社三井ハイテック	北九州市八幡西区小嶺二丁目 10 番 1 号
	新光電気工業株式会社	長野県長野市小島田町 80 番地
	京セラ株式会社	京都府京都市伏見区竹田鳥羽殿町 6
	太陽誘電株式会社	東京都台東区上野 6 丁目 16 番 20 号
	株式会社村田製作所	京都府長岡京市東神足 1 丁目 10 番 1 号
	株式会社ユーシン	東京都港区芝大門 1-1-30　芝 NBF タワー
	双葉電子工業株式会社	千葉県茂原市大芝 629
	北陸電気工業株式会社	富山県富山市下大久保 3158 番地
	ニチコン株式会社	京都市中京区烏丸通御池上る
	日本ケミコン株式会社	東京都品川区大崎五丁目 6 番 4 号
	コーア株式会社	長野県上伊那郡箕輪町大字中箕輪 14016
	市光工業株式会社	神奈川県伊勢原市板戸 80
	株式会社小糸製作所	東京都港区高輪 4 丁目 8 番 3 号
	株式会社ミツバ	群馬県桐生市広沢町 1-2681
	スター精密株式会社	静岡県静岡市駿河区中吉田 20 番 10 号
	大日本スクリーン製造 株式会社	京都市上京区堀川通寺之内上る 4 丁目天神北町 1-1
	キヤノン電子株式会社	埼玉県秩父市下影森 1248 番地
	キヤノン株式会社	東京都大田区下丸子 3 丁目 30 番 2 号
	株式会社リコー	東京都中央区銀座 8-13-1　リコービル
	MUTOH ホールディングス 株式会社	東京都世田谷区池尻 3 丁目 1 番 3 号
	東京エレクトロン株式会社	東京都港区赤坂 5-3-1 赤坂 Biz タワー

区別	会社名	本社住所
精密機器	テルモ株式会社	東京都渋谷区幡ヶ谷 2-44-1
	クリエートメディック株式会社	神奈川県横浜市都筑区茅ヶ崎南 2-5-25
	日機装株式会社	東京都渋谷区恵比寿 4 丁目 20 番 3 号 恵比寿ガーデンプレイスタワー 22 階
	株式会社島津製作所	京都市中京区西ノ京桑原町 1 番地
	株式会社ジェイ・エム・エス	広島市中区加古町 12 番 17 号
	クボテック株式会社	大阪市北区中之島 4-3-36 玉江橋ビル
	ショットモリテックス株式会社	埼玉県朝霞市泉水 3-13-45
	長野計器株式会社	東京都大田区東馬込 1 丁目 30 番 4 号
	株式会社ブイ・テクノロジー	横浜市保土ヶ谷区神戸町 134 横浜ビジネスパーク イーストタワー 9F/5F
	東京計器株式会社	東京都大田区南蒲田 2-16-46
	愛知時計電機株式会社	名古屋市熱田区千年一丁目 2 番 70 号
	株式会社東京精密	東京都八王子市石川町 2968-2
	マニー株式会社	栃木県宇都宮市清原工業団地 8 番 3
	株式会社ニコン	東京都千代田区有楽町 1-12-1（新有楽町ビル）
	株式会社トプコン	東京都板橋区蓮沼町 75 番 1 号
	オリンパス株式会社	東京都新宿区西新宿 2-3-1　新宿モノリス
	理研計器株式会社	東京都板橋区小豆沢 2-7-6
	株式会社タムロン	埼玉県さいたま市見沼区蓮沼 1385 番地
	HOYA 株式会社	東京都新宿区中落合 2-7-5
	ノーリツ鋼機株式会社	和歌山市梅原 579 － 1
	株式会社エー・アンド・デイ	東京都豊島区東池袋 3 丁目 23 番 14 号
	シチズンホールディングス 株式会社	東京都西東京市田無町 6-1-12
	リズム時計工業株式会社	埼玉県さいたま市大宮区北袋町一丁目 299 番地 12
	大研医器株式会社	大阪市中央区道修町 3 丁目 6 番 1 号
	株式会社松風	京都市東山区福稲上高松町 11
	セイコーホールディングス 株式会社	東京都港区虎ノ門二丁目 8 番 10 号 虎ノ門 15 森ビル
	ニプロ株式会社	大阪市北区本庄西 3 丁目 9 番 3 号

第**3**章

就職活動のはじめかた

入りたい会社は決まった。しかし「就職活動とはそもそも何をしていいのかわからない」「どんな流れで進むかわからない」という声は意外と多い。ここでは就職活動の一般的な流れや内容，対策について解説していく。

▶就職活動のスケジュール

3月	4月	6月

就職活動スタート

2025年卒の就活スケジュールは，経団連と政府を中心に議論され，2024年卒の採用選考スケジュールから概ね変更なしとされている。

エントリー受付・提出

企業の説明会には積極的に参加しよう。独自の企業研究だけでは見えてこなかった新たな情報を得る機会であるとともに，モチベーションアップにもつながる。また，説明会に参加した者だけに配布する資料などもある。

OB・OG訪問

合同企業説明会　**個別企業説明会**

筆記試験・面接試験等始まる（3月～）

内々定（大手企業）

2月末までにやっておきたいこと

就職活動が本格化する前に，以下のことに取り組んでおこう。
　◎自己分析　◎インターンシップ　◎筆記試験対策
　◎業界研究・企業研究　◎学内就職ガイダンス
自分が本当にやりたいことはなにか，自分の能力を最大限に活かせる会社はどこか。自己分析と企業研究を重ね，それを文章などにして明確にしておき，面接時に最大限に活用できるようにしておこう。

7月　　　　**8月**　　　　**10月**

中小企業採用本格化

内定者の数が採用予定数に満たない企業，1年を通して採用を継続している企業，夏休み以降に採用活動を実施企業（後期採用）は採用活動を継続して行っている。大企業でも後期採用を行っていることもあるので，企業から内定が出ても，納得がいかなければ継続して就職活動を行うこともある。

中小企業の採用が本格化するのは大手企業より少し遅いこの時期から。HPなどで採用情報をつかむとともに，企業研究も怠らないようにしよう。

内々定とは10月1日以前に通知（電話等）されるもの。内定に関しては現在協定があり，10月1日以降に文書等にて通知される。

内々定（中小企業）　　　内定式（10月～）

どんな人物が求められる？

多くの企業は，常識やコミュニケーション能力があり，社会のできごとに高い関心を持っている人物を求めている。これは「会社の一員として将来の企業発展に寄与してくれるか」という視点に基づく，もっとも普遍的な選考基準だ。もちろん，「自社の志望を真剣に考えているか」「自社の製品，サービスにどれだけの関心を向けているか」という熱意の部分も重要な要素になる。

就活ロールプレイ！

理論編 STEP 1　就職活動のスタート

内定までの道のりは，大きく分けると以下のようになる。

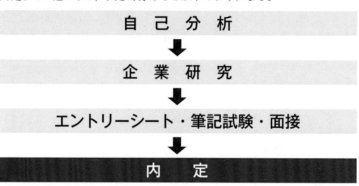

自 己 分 析

↓

企 業 研 究

↓

エントリーシート・筆記試験・面接

↓

内 定

01　まず自己分析からスタート

　就職活動とは，「企業に自分をPRすること」。自分自身の興味，価値観に加えて，強み・能力という要素が加わって，初めて企業側に「自分が働いたら，こういうポイントで貢献できる」と自分自身を売り込むことができるようになる。

■自分の来た道を振り返る

　自己分析をするための第一歩は，「振り返ってみる」こと。

　小学校，中学校など自分のいた"場"ごとに何をしたか（部活動など），何を学んだか，交友関係はどうだったか，興味のあったこと，覚えている印象的なことを書き出してみよう。

■テストを受けてみる

　"自分では気がついていない能力"を客観的に検査してもらうことで，自分に向いている職種が見えてくる。下記の5種類が代表的なものだ。

①職業適性検査　　②知能検査　　③性格検査

④職業興味検査　　⑤創造性検査

■**先輩や専門家に相談してみる**

　就職活動をするうえでは，“いかに他人に自分のことをわかってもらうか”が重要なポイント。他者の視点で自分を分析してもらうことで，より客観的な視点で自己PRができるようになる。

自己分析の流れ

❑過去の経験を書いてみる

❑現在の自己イメージを明確にする…行動，考え方，好きなものなど。

❑他人から見た自分を明確にする

❑将来の自分を明確にしてみる…どのような生活をおくっていたいか。期待，夢，願望。なりたい自分はどういうものか，掘り下げて考える。→自己分析結果を，志望動機につなげていく。

01 企業の絞り込み

　志望企業の絞り込みについての考え方は大きく分けて2つある。

　第1は，同一業種の中で1次候補，2次候補……と絞り込んでいく方法。

　第2は，業種を1次，2次，3次候補と変えながら，それぞれに2社程度ずつ絞り込んでいく方法。

　第1の方法では，志望する同一業種の中で，一流企業，中堅企業，中小企業，縁故などがある歯止めの会社……というふうに絞り込んでいく。

　第2の方法では，自分が最も望んでいる業種，将来好きになれそうな業種，発展性のある業種，安定性のある業種，現在好況な業種……というふうに区別して，それぞれに適当な会社を絞り込んでいく。

02 情報の収集場所

・キャリアセンター

・新聞

・インターネット

・企業情報

『就職四季報』（東洋経済新報社刊），『日経会社情報』（日本経済新聞社刊）などの企業情報。この種の資料は本来"株式市場"についての資料だが，その時期の景気動向を含めた情報を仕入れることができる。

・経済雑誌

『ダイヤモンド』（ダイヤモンド社刊）や『東洋経済』（東洋経済新報社刊），『エコノミスト』（毎日新聞出版刊）など。

・OB・OG／社会人

①成長力

　まず"売上高"。次に資本力の問題や利益率などの比率。いくら資本金があっても，それを上回る膨大な借金を抱えていて，いくら稼いでも利払いに追われまくるようでは，成長できないし，安定できない。

　成長力を見るには自己資本率を割り出してみる。自己資本を総資本で割って100を掛けると自己資本率がパーセントで出てくる。自己資本の比率が高いほうが成長力もあり安定度も高い。

　利益率は純利益を売上高で割って100を掛ける。利益率が高ければ，企業はどんどん成長するし，社員の待遇も上昇する。利益率が低いということは，仕事がどんなに忙しくても利益にはつながらないということになる。

②技術力

　技術力は，短期的な見方と長期的な展望が必要になってくる。研究部門が適切な規模か，大学など企業外の研究部門との連絡があるか，先端技術の分野で開発を続けているかどうかなど。

③経営者と経営形態

　会社が将来，どのような発展をするか，または衰退するかは経営者の経営哲学，経営方針によるところが大きい。社長の経歴を知ることも必要。創始者の息子，孫といった親族が社長をしているのか，サラリーマン社長か，官庁などからの天下りかということも大切なチェックポイント。

④社風

　社風というのは先輩社員から後輩社員に伝えられ，教えられるもの。社風もいろいろな面から必ずチェックしよう。

⑤安定性

　企業が成長しているか，安定しているかということは車の両輪。どちらか片方の回転が遅くなっても企業はバランスを失う。安定し，しかも成長する。これが企業として最も理想とするところ。

⑥待遇

　初任給だけを考えてみても，それが手取りなのか，基本給なのか。基本給というのはボーナスから退職金，定期昇給の金額にまで響いてくる。また，待遇というのは給与ばかりではなく，福利厚生施設でも大きな差が出てくる。

■そのほかの会社比較の基準

1. ゆとり度

休暇制度は，企業によって独自のものを設定しているところもある。「長期休暇制度」といったものなどの制定状況と，また実際に取得できているかどうかも調べたい。

2. 独身寮や住宅設備

最近では，社宅は廃止し，住宅手当を多く出すという流れもある。寮や社宅についての福利厚生は調べておく。

3. オフィス環境

会社に根づいた慣習や社員に対する考え方が，意外にオフィスの設備やレイアウトに表れている場合がある。

たとえば，個人の専有スペースの広さや区切り方，パソコンなどOA機器の設置状況，上司と部下の机の配置など，会社によってずいぶん違うもの。玄関ロビーや受付の様子を観察するだけでも，会社ごとのカラーや特徴がどこかに見えてくる。

4. 勤務地

転勤はイヤ，どうしても特定の地域で生活していきたい。そんな声に応えて，最近は流通業などを中心に，勤務地限定の雇用制度を取り入れる企業も増えている。

---

column　初任給では分からない本当の給与

会社の給与水準には「初任給」「平均給与」「平均ボーナス」「モデル給与」など，判断材料となるいくつかのデータがある。これらのデータからその会社の給料の優劣を判断するのは非常に難しい。

たとえば中小企業の中には，初任給が飛び抜けて高い会社がときどきある。しかしその後の昇給率は大きくないのがほとんど。

一方，大手企業の初任給は業種間や企業間の差が小さく，ほとんど横並びと言っていい。そこで，「平均給与」や「平均ボーナス」などで将来の予測をするわけだが，これは一応の目安とはなるが，個人差があるので正確とは言えない。

■決定版「就職ノート」はこう作る

　1冊にすべて書き込みたいという人には,ルーズリーフ形式のノートがお勧め。会社研究,スケジュール,時事用語,OB／OG訪問,切り抜きなどの項目を作りインデックスをつける。

　カレンダー,説明会,試験などのスケジュール表を貼り,とくに会社別の説明会,面談,書類提出,試験の日程がひと目で分かる表なども作っておく。そして見開き2ページで1社を載せ,左ページに企業研究,右ページには志望理由,自己PRなどを整理する。

就職ノートの主なチェック項目

❏企業研究…資本金,業務内容,従業員数など基礎的な会社概要から,過去の採用状況,業務報告などのデータ

❏採用試験メモ…日程,条件,提出書類,採用方法,試験の傾向など

❏店舗・営業所見学メモ…流通関係,銀行などの場合は,客として訪問し,商品(値段,使用価値,ユーザーへの配慮),店員(接客態度,商品知識,熱意,親切度),店舗(ショーケース,陳列の工夫,店内の清潔さ)などの面をチェック

❏OB／OG訪問メモ…OB／OGの名前,連絡先,訪問日時,面談場所,質疑応答のポイント,印象など

❏会社訪問メモ…連絡先,人事担当者名,会社までの交通機関,最寄り駅からの地図,訪問のときに得た情報や印象,訪問にいたるまでの経過も記入

05 「OB／OG訪問」

「OB／OG訪問」は，実際は採用予備選考開始。まず，OB／OG訪問を希望したら，大学のキャリアセンター，教授などの紹介で，志望企業に勤める先輩の手がかりをつかむ。もちろん直接電話なり手紙で，自分の意向を会社側に伝えてもいい。自分の在籍大学，学部をはっきり言って，「先輩を紹介していただけないでしょうか」と依頼しよう。

参考 ▶ OB／OG訪問時の質問リスト例

●採用について
・成績と面接の比重　　　　　　・評価のポイント
・採用までのプロセス（日程）　・筆記試験の傾向と対策
・面接は何回あるか　　　　　　・コネの効力はどうか
・面接で質問される事項　etc.

●仕事について
・内容（入社10年，20年のOB/OG）　・新入社員の仕事
・希望職種につけるのか　　　　・やりがいはどうか
・残業，休日出勤，出張など　　・同業他社と比較してどうか　etc.

●社風について
・社内のムード　　　　　　　　・上司や同僚との関係
・仕事のさせ方　etc.

●待遇について
・給与について　　　　　　　　・福利厚生の状態
・昇進のスピード　　　　　　　・離職率について　etc.

　インターンシップとは，学生向けに企業が用意している「就業体験」プログラム。ここで学生はさまざまな企業の実態をより深く知ることができ，その後の就職活動において自己分析，業界研究，職種選びなどに活かすことができる。また企業側にとっても有能な学生を発掘できるというメリットがあるため，導入する企業は増えている。

　インターンシップ参加が採用につながっているケースもあるため，たくさん参加してみよう。

---

column　コネを利用するのも１つの手段？

コネを活用できるのは，以下のような場合である。

・企業と大学に何らかの「連絡」がある場合

　企業の新卒採用の場合，特定校・指定校が決められていることもある。企業側が過去の実績などに基づいて決めており，大学の力が大きくものをいう。

　とくに理工系では，指導教授や研究室と企業との連絡が密接な場合が多く，教授の推薦が有利であることは言うまでもない。同じ大学出身の先輩とのコネも，この部類に区分できる。

・志望企業と「関係」ある人と関係がある場合

　一般的に言えば，志望企業の取り引き先関係からの紹介というのが一番多い。ただし，年間億単位の実績が必要で，しかも部長・役員以上につながっていなければコネがあるとは言えない。

・志望企業と何らかの「親しい関係」がある場合

　志望企業に勤務したりアルバイトをしていたことがあるという場合。インターンシップもここに分類される。職場にも馴染みがあり人間関係もできているので，就職に際してきわめて有利。

・志望会社に関係する人と「縁故」がある場合

　縁故を「血縁関係」とした場合，日本企業ではこのコネはかなり有効なところもある。ただし，血縁者が同じ会社にいるというのは不都合なことも多いので，どの企業も慎重。

1. 受付の様子

受付事務がテキパキとしていて，分かりやすいかどうか。社員の態度が親切で誠意が伝わってくるかどうか。

こういった受付の様子からでも，その会社の社員教育の程度や，新入社員採用に対する熱意とか期待を推し測ることができる。

2. 控え室の様子

控え室が2カ所以上あって，国立大学と私立大学の訪問者とが，別々に案内されているようなことはないか。また，面談の順番を意図的に変えているようなことはないか。これはよくある例で，すでに大半は内定しているということを意味する場合が多い。

3. 社内の雰囲気

社員の話し方，その内容を耳にはさむだけでも，社風が伝わってくる。

4. 面談の様子

何時間も待たせたあげくに，きわめて事務的に，しかも投げやりな質問しかしないような採用担当者である場合，この会社は人事が適正に行われていないということだから，一考したほうがよい。

参考 ▶ 説明会での質問項目

・質問内容が抽象的でなく，具体性のあるものかどうか。
・質問内容は，現在の社会・経済・政治などの情況を踏まえた，大学生らしい高度で専門性のあるものか。
・質問をするのはいいが，「それでは，あなたの意見はどうか」と逆に聞かれたとき，自分なりの見解が述べられるものであるか。

提出する書類は6種類。①〜③が大学に申請する書類，④〜⑥が自分で書く書類だ。大学に申請する書類は一度に何枚も入手しておこう。

①「卒業見込証明書」

②「成績証明書」

③「健康診断書」

④「履歴書」

⑤「エントリーシート」

⑥「会社説明会アンケート」

■自分で書く書類は「自己PR」

第1次面接に進めるか否かは「自分で書く書類」の出来にかかっている。「履歴書」と「エントリーシート」は会社説明会に行く前に準備しておくもの。「会社説明会アンケート」は説明会の際に書き，その場で提出する書類だ。

01 履歴書とエントリーシートの違い

　Webエントリーを受け付けている企業に資料請求をすると，資料と一緒に「エントリーシート」が送られてくるので，応募サイトのフォームやメールでエントリーシートを送付する。Webエントリーを行っていない企業には，ハガキやメールで資料請求をする必要があるが，「エントリーシート」は履歴書とは異なり，企業が設定した設問に対して回答するもの。すなわちこれが「1次試験」であり，これにパスをした人だけが会社説明会に呼ばれる。

■字はていねいに

字を書くところから，その企業に対する"本気度"は測られている。

■誤字，脱字は厳禁

使用するのは，黒のインク。

■修正液使用は不可

■数字は算用数字

■自分の広告を作るつもりで書く

自分はこういう人間であり，何がしたいかということを簡潔に書く。メリットになることだけで良い。自分に損になるようなことを書く必要はない。

■「やる気」を示す具体的なエピソードを

「私はやる気があります」「私は根気があります」という抽象的な表現だけではNG。それを示すエピソードのようなものを書かなくては意味がない。

Point

> 自己紹介欄の項目はすべて「自己PR」。自分はこういう人間であることを印象づけ，それがさらに企業への「志望動機」につながっていくような書き方をする。

column 履歴書やエントリーシートは，共通でもいい？

「履歴書」や「エントリーシート」は企業によって書き分ける。業種はもちろん，同じ業界の企業であっても求めている人材が違うからだ。各書類は提出前にコピーを取り，さらに出した企業名を忘れずに書いておくことも大切だ。

写真	スナップ写真は不可。 スーツ着用で，胸から上の物を使用する。ポイントは「清潔感」。 氏名・大学名を裏書きしておく。
日付	郵送の場合は投函する日，持参する場合は持参日の日付を記入する。
生年月日	西暦は避ける。元号を省略せずに記入する。
氏名	戸籍上の漢字を使う。印鑑押印欄があれば忘れずに押す。
住所	フリガナ欄がカタカナであればカタカナで，平仮名であれば平仮名で記載する。
学歴	最初の行の中央部に「学□□歴」と2文字程度間隔を空けて，中学校卒業から大学（卒業・卒業見込み）まで記入する。 中途退学の場合は，理由を簡潔に記載する。留年は記入する必要はない。 職歴がなければ，最終学歴の一段下の行の右隅に，「以上」と記載する。
職歴	最終学歴の一段下の行の中央部に「職□□歴」と2文字程度間隔を空け記入する。 「株式会社」や「有限会社」など，所属部門を省略しないで記入する。 「同上」や「〃」で省略しない。 最終職歴の一段下の行の右隅に，「以上」と記載する。
資格・免許	4級以下は記載しない。学習中のものも記載して良い。 「普通自動車第一種運転免許」など，省略せずに記載する。
趣味・特技	具体的に（例：読書でもジャンルや好きな作家を）記入する。
志望理由	その企業の強みや良い所を見つけ出したうえで，「自分の得意な事」がどう活かせるかなどを考えぬいたものを記入する。
自己PR	応募企業の事業内容や職種にリンクするような，自分の経験やスキルなどを記入する。
本人希望欄	面接の連絡方法，希望職種・勤務地などを記入する。「特になし」や空白はNG。
家族構成	最初に世帯主を書き，次に配偶者，それから家族を祖父母，兄弟姉妹の順に。続柄は，本人から見た間柄。兄嫁は，義姉と書く。
健康状態	「良好」が一般的。

01 エントリーシートの目的

・応募者を，決められた採用予定者数に絞り込むこと
・面接時の資料にする
の2つ。

■知りたいのは職務遂行能力

採用担当者が学生を見る場合は，「こいつは与えられた仕事をこなせるかどう
か」という目で見ている。企業に必要とされているのは仕事をする能力なのだ。

Point

質問に忠実に，"自分がいかにその会社の求める人材に当てはまるか"を
丁寧に答えること。

02 効果的なエントリーシートの書き方

■情報を伝える書き方

課題をよく理解していることを相手に伝えるような気持ちで書く。

■文章力

大切なのは全体のバランスが取れているか。書く前に，何をどれくらいの字
数で収めるか計算しておく。

「起承転結」でいえば，「起」は，文章を起こす導入部分。「承」は，起を受け
て，その提起した問題に対して承認を求める部分。「転」は，自説を展開する
部分。もっともオリジナリティが要求される。「結」は，最後の締めの結論部分。
文章の構成・まとめる力で，総合的な能力が高いことをアピールする。

エントリーシートでよく取り上げられる題材と，その出題意図

エントリーシートで求められるものは，「自己PR」「志望動機」「将来どうなりたいか（目指すこと）」の3つに大別される。

1.「自己PR」

自己分析にしたがって作成していく。重要なのは，「なぜそうしようと思ったか？」「○○をした結果，何が変わったのか？何を得たのか？」という"連続性"が分かるかどうかがポイント。

2.「志望動機」

自己PRと一貫性を保ち，業界志望理由と企業志望理由を差別化して表現するように心がける。志望する業界の強みと弱み，志望企業の強みと弱みの把握は基本。

3.「将来の展望」

どんな社員を目指すのか，仕事へはどう臨もうと思っているか，目標は何か，などが問われる。仕事内容を事前に把握しておくだけでなく，5年後の自分，10年後の自分など，具体的な将来像を描いておくことが大切。

表現力，理解力のチェックポイント

- ❏文法，語法が正しいかどうか
- ❏論旨が論理的で一貫しているかどうか
- ❏1センテンスが簡潔かどうか
- ❏表現が統一されているかどうか（「です，ます」調か「だ，である」調か）

STEP 5 面接試験の進みかた

理論編

01 個人面接

●自由面接法

面接官と受験者のキャラクターやその場の雰囲気，質問と応答の進行具合などによって雑談形式で自由に進められる。

●標準面接法

自由面接法とは逆に，質問内容や評価の基準などがあらかじめ決まっている。実際には自由面接法と併用で，おおまかな質問事項や判定基準，評価ポイントを決めておき，質疑応答の内容上の制限を緩和しておくスタイルが一般的。1次面接などでは標準面接法をとり，2次以降で自由面接法をとる企業も多い。

●非指示面接法

受験者に自由に発言してもらい，面接官は話題を引き出したりするときなど，最小限の質問をするという方法。

●圧迫面接法

わざと受験者の精神状態を緊張させ，受験者がどのような応答をするかを観察し，判定する。受験者は，冷静に対応することが肝心。

02 集団面接

面接の方法は個人面接と大差ないが，面接官がひとつの質問をして，受験者が順にそれに答えるという方法と，面接官が司会役になって，座談会のような形式で進める方法とがある。

座談会のようなスタイルでの面接は，なるべく受験者全員が関心をもっているような話題を取りあげ，意見を述べさせるという方法。この際，司会役以外の面接官は一言も発言せず，判定・評価に専念する。

03 グループディスカッション

　グループディスカッション（以下，GD）の時間は30〜60分程度，1グループの人数は5〜10人程度で，司会は面接官が行う場合や，時間を決めて学生が交替で行うことが多い。面接官は内容については特に指示することはなく，受験者がどのようにGDを進めるかを観察する。

　評価のポイントは，全体的には理解力，表現力，指導性，積極性，協調性など，個別的には性格，知識，適性などが観察される。

　GDの特色は，集団の中での個人ということで，受験者の能力がどの程度のものであるか，また，どのようなことに向いているかを判定できること。受験者は，グループの中における自分の位置を面接官に印象づけることが大切だ。

グループディスカッション方式の面接におけるチェックポイント

❑全体の中で適切な論点を提供できているかどうか。
❑問題解決に役立つ知識を持っているか，また提供できているかどうか。
❑もつれた議論を解きほぐし，的はずれの議論を元に引き戻す努力をしているかどうか。
❑グループ全体としての目標をいつも考えているかどうか。
❑感情的な対立や攻撃をしかけているようなことはないか。
❑他人の意見に耳を傾け，よい意見には賛意を表し，それを全体に推し広げようという寛大さがあるかどうか。
❑議論の流れを自然にリードするような主導性を持っているかどうか。
❑提出した意見が議論の進行に大きな影響を与えているかどうか。

04 面接時の注意点

●控え室

　控え室には，指定された時間の15分前には入室しよう。そこで担当の係から，面接に際しての注意点や手順の説明が行われるので，疑問点は積極的に聞くようにし，心おきなく面接にのぞめるようにしておこう。会社によっては，所定のカードに必要事項を書き込ませたり，お互いに自己紹介をさせたりする場合もある。また，この控え室での行動も細かくチェックして，合否の資料にしている会社もある。

●入室・面接開始

　係員がドアの開閉をしてくれる場合もあるが，それ以外は軽くノックして入室し，必ずドアを閉める。そして入口近くで軽く一礼し，面接官か補助員の「どうぞ」という指示で正面の席に進み，ここで再び一礼をする。そして，学校名と氏名を名のって静かに着席する。着席時は，軽く椅子にかけるようにする。

●面接終了と退室

　面接の終了が告げられたら，椅子から立ち上がって一礼し，椅子をもとに戻して，面接官または係員の指示を受けて退室する。

　その際も，ドアの前で面接官のほうを向いて頭を下げ，静かにドアを開閉する。控え室に戻ったら，係員の指示を受けて退社する。

05 面接試験の評定基準

●協調性

　企業という「集団」では，他人との協調性が特に重視される。

　感情や態度が円満で調和がとれていること，極端に好悪の情が激しくなく，物事の見方や考え方が穏健で中立であることなど，職場での人間関係を円滑に進めていくことのできる人物かどうかが評価される。

●話し方

　外観印象的には，言語の明瞭さや応答の態度そのものがチェックされる。小さな声で自信のない発言，乱暴野卑な発言は減点になる。

　考えをまとめたら，言葉を選んで話すくらいの余裕をもって，真剣に応答しようとする姿勢が重視される。軽率な応答をしたり，まして発言に矛盾を指摘されるような事態は極力避け，もしそのような状況になりそうなときは，自分の非を認めてはっきりと謝るような態度を示すべき。

●好感度

　実社会においては，外観による第一印象が，人間関係や取引に大きく影響を及ぼす。

　「フレッシュな爽やかさ」に加え，入社志望など，自分の意思や希望をより明確にすることで，強い信念に裏づけられた姿勢をアピールできるよう努力したい。

●判断力

何を質問されているのか，何を答えようとしているのか，常に冷静に判断していく必要がある。

●表現力

話に筋道が通り理路整然としているか，言いたいことが簡潔に言えるか，話し方に抑揚があり聞く者に感銘を与えるか，用語が適切でボキャブラリーが豊富かどうか。

●積極性

活動意欲があり，研究心旺盛であること，進んで物事に取り組み，創造的に解決しようとする意欲が感じられること，話し方にファイトや情熱が感じられること，など。

●計画性

見通しをもって順序よく合理的に仕事をする性格かどうか，またその能力の有無。企業の将来性のなかに，自分の将来をどうかみ合わせていこうとしているか，現在の自分を出発点として，何を考え，どんな仕事をしたいのか。

●安定性

情緒の安定は，社会生活に欠くことのできない要素。自分自身をよく知っているか，他の人に流されない信念をもっているか。

●誠実性

自分に対して忠実であろうとしているか，物事に対してどれだけ誠実な考え方をしているか。

●社会性

企業は集団活動なので，自分の考えに固執したり，不平不満が多い性格は向かない。柔軟で適応性があるかどうか。

清潔感や明朗さ，若々しさといった外観面も重視される。

06 面接試験の質問内容

1. 志望動機

受験先の概要や事業内容はしっかりと頭の中に入れておく。また，その企業の企業活動の社会的意義と，自分自身の志望動機との関連を明確にしておく。「安定している」「知名度がある」「将来性がある」といった利己的な動機，「自

分の性格に合っている」というような，あいまいな動機では説得力がない。安定性や将来性は，具体的にどのような企業努力によって支えられているのかという考察も必要だし，それに対する受験者自身の評価や共感なども問われる。

①どうしてその業種なのか

②どうしてその企業なのか

③どうしてその職種なのか

以上の①〜③と，自分の性格や資質，専門などとの関連性を説明できるようにしておく。

自分がどうしてその会社を選んだのか，どこに大きな魅力を感じたのかを，できるだけ具体的に，情熱をもって語ることが重要。自分の長所と仕事の適性を結びつけてアピールし，仕事のやりがいや仕事に対する興味を述べるのもよい。

■複数の企業を受験していることは言ってもいい？

同じ職種，同じ業種で何社かかけもちしている場合，正直に答えてもかまわない。しかし，「第一志望はどこですか」というような質問に対して，正直に答えるべきかどうかというと，やはりこれは疑問がある。どんな会社でも，他社を第一志望にあげられれば，やはり愉快には思わない。

また，職種や業種の異なる会社をいくつか受験する場合も同様で，極端に性格の違う会社をあげれば，その矛盾を突かれるのは必至だ。

2. 仕事に対する意識・職業観

採用試験の段階では，次年度の配属予定が具体的に固まっていない会社もかなりある。具体的に職種や部署などを細分化して募集している場合は別だが，そうでない場合は，希望職種をあまり狭く限定しないほうが賢明。どの業界においても，採用後，新入社員には，研修としてその会社の各セクションをひと通り経験させる企業は珍しくない。そのうえで，具体的な配属計画を検討するのだ。

大切なことは，就職や職業というものを，自分自身の生き方の中にどう位置づけるか，また，自分の生活の中で仕事とはどういう役割を果たすのかを考えてみること。つまり自分の能力を活かしたい，社会に貢献したい，自分の存在価値を社会的に実現してみたい，ある分野で何か自分の力を試してみたい……，などの場合を考え，それを自分自身の人生観，志望職種や業種などとの関係を考えて組み立ててみる。自分の人生観をもとに，それを自分の言葉で表現できるようにすることが大切。

3. 自己紹介・自己PR

性格そのものを簡単に変えたり，欠点を克服したりすることは実際には難しいが，"仕方がない"という姿勢を見せることは禁物で，どんなささいなことでも，努力している面をアピールする。また一般的にいって，専門職を除けば，就職時になんらかの資格や技能を要求する企業は少ない。

ただ，資格をもっていれば採用に有利とは限らないが，専門性を要する業種では考慮の対象とされるものもある。たとえば英検，簿記など。

企業が学生に要求しているのは，4年間の勉学を重ねた学生が，どのように仕事に有用であるかということで，学生の知識や学問そのものを聞くのが目的ではない。あくまで，社会人予備軍としての謙虚さと素直さを失わないようにする。

知識や学力よりも，その人の人間性，ビジネスマンとしての可能性を重視するからこそ，面接担当者は，学生生活全般について尋ねることで，書類だけでは分からない人間性を探ろうとする。

何かうち込んだものや思い出に残る経験などは，その人の人間的な成長になんらかの作用を及ぼしているものだ。どんな経験であっても，そこから受けた印象や教訓などは，明確に答えられるようにしておきたい。

4. 一般常識・時事問題

一般常識・時事問題については筆記試験の分野に属するが，面接でこうしたテーマがもち出されることも珍しくない。受験者がどれだけ社会問題に関心をもっているか，一般常識をもっているか，また物事の見方・考え方に偏りがないかなどを判定する。知識や教養だけではなく，一問一答の応答を通じて，その人の性格や適応能力まで判断されることになる。

07 面接に向けての事前準備

■面接試験１カ月前までには万全の準備をととのえる

●志望会社・職種の研究

新聞の経済欄や経済雑誌などのほか，会社年鑑，株式情報など書物による研究をしたり，インターネットにあがっている企業情報や，検索によりさまざまな角度から調べる。すでにその会社へ就職している先輩や知人に会って知識を得たり，大学のキャリアセンターへ情報を求めるなどして総合的に判断する。

■専攻科目の知識・卒論のテーマなどの整理

大学時代にどれだけ勉強してきたか，専攻科目や卒論のテーマなどを整理しておく。

■時事問題に対する準備

毎日欠かさず新聞を読む。志望する企業の話題は，就職ノートに整理するなどもアリ。

面接当日の必需品

- ❏必要書類（履歴書，卒業見込証明書，成績証明書，健康診断書，推薦状）
- ❏学生証
- ❏就職ノート（志望企業ファイル）
- ❏印鑑，朱肉
- ❏筆記用具（万年筆，ボールペン，サインペン，シャープペンなど）
- ❏手帳，ノート
- ❏地図（訪問先までの交通機関などをチェックしておく）
- ❏現金（小銭も用意しておく）
- ❏腕時計（オーソドックスなデザインのもの）
- ❏ハンカチ，ティッシュペーパー
- ❏くし，鏡（女性は化粧品セット）
- ❏シューズクリーナー
- ❏ストッキング
- ❏折りたたみ傘（天気予報をチェックしておく）
- ❏携帯電話，充電器

理論編 STEP **6**　筆記試験の種類

■一般常識試験

> 社会人として企業活動を行ううえで最低限必要となる一般常識のほか，
> 英語，国語，社会（時事問題），数学などの知識の程度を確認するもの。

　難易度はおおむね中学・高校の教科書レベル。一般常識の問題集を1冊やっておけばよいが，業界によっては専門分野が出題されることもあるため，必ず志望する企業のこれまでの試験内容は調べておく。

■一般常識試験の対策

- ・**英語**　慣れておくためにも，教科書を復習する，英字新聞を読むなど。
- ・**国語**　漢字，四字熟語，反対語，同音異義語，ことわざをチェック。
- ・**時事問題**　新聞や雑誌，テレビ，ネットニュースなどアンテナを張っておく。

■適性検査

　SPI（Synthetic Personality Inventory）試験（SPI3試験）とも呼ばれ，能力テストと性格テストを合わせたもの。

　能力テストでは国語能力を測る「言語問題」と，数学能力を測る「非言語問題」がある。言語的能力，知覚能力，数的能力のほか，思考・推理能力，記憶力，注意力などの問題で構成されている。

　性格テストは「はい」か「いいえ」で答えていく。仕事上の適性と性格の傾向などが一致しているかどうかをみる。

> **SPIは職務への適応性を客観的にみるためのもの。**

01 「論文」と「作文」

　一般に「論文」はあるテーマについて自分の意見を述べ，その論証をする文章で，必ず意見の主張とその論証という2つの部分で構成される。問題提起と論旨の展開，そして結論を書く。

　「作文」は，一般的には感想文に近いテーマ，たとえば「私の興味」「将来の夢」といったものがある。

　就職試験では「論文」と「作文」を合わせた“論作文”とでもいうようなものが出題されることが多い。

　論作文試験とは，「文章による面接」。テーマに書き手がどういう態度を持っているかを知ることが，出題の主な目的だ。受験者の知識・教養・人生観・社会観・職業観，そして将来への希望などが，どのような思考を経て，どう表現されているかによって，企業にとって，必要な人物かどうかを判断している。

　論作文の場合には，書き手の社会的意識や考え方に加え，「感銘を与える」働きが要求される。就職活動とは，企業に対し「自分をアピールすること」だということを常に念頭に置いておきたい。

Point

論文と作文の違い

	論　文	作　文
テーマ	学術的・社会的・国際的なテーマ。時事，経済問題など	個人的・主観的なテーマ。人生観，職業観など
表現	自分の意見や主張を明確に述べる。	自分の感想を述べる。
展開	四段型（起承転結）の展開が多い。	三段型（はじめに・本文・結び）の展開が多い。
文体	「だ調・である調」のスタイルが多い。	「です調・ます調」のスタイルが多い。

02 採点のポイント

・テーマ

与えられた課題（テーマ）を，受験者はどのように理解しているか。

出題されたテーマの意義をよく考え，それに対する自分の意見や感情が，十分に整理されているかどうか。

・表現力

課題について本人が感じたり，考えたりしたことを，文章で的確に表しているか。

・字・用語・その他

かなづかいや送りがなが合っているか，文中で引用されている格言やことわざの類が使用法を間違えていないか，さらに誤字・脱字に至るまで，文章の基本的な力が受験者の人柄ともからんで厳密に判定される。

・オリジナリティ

魅力がある文章とは，オリジナリティを率直に出すこと。自分の感情や意見を，自分の言葉で表現する。

・生活態度

文章は，書き手の人格や人柄を映し出す。平素の社会的関心や他人との協調性，趣味や読書傾向はどうであるかといった，受験者の日常における生き方，生活態度がみられる。

・字の上手・下手

できるだけ読みやすい字を書く努力をする。また，制限字数より文章が長くなって原稿用紙の上下や左右の空欄に書き足したりすることは避ける。消しゴムで消す場合にも，丁寧に。

いずれの場合でも，表面的な文章力を問うているのではなく，受験者の人柄のほうを重視している。

実践編 マナーチェックリスト

就活において企業の人事担当は，面接試験やOG／OB訪問，そして面接試験において，あなたのマナーや言葉遣いといった，「常識力」をチェックしている。現在の自分はどのくらい「常識力」が身についているかをチェックリストで振りかえり，何ができて，何ができていないかを明確にしたうえで，今後の取り組みに生かしていこう。

評価基準 5：大変良い 4：やや良い 3：どちらともいえない 2：やや悪い 1：悪い

	項　目	評　価	メ　モ
挨拶	明るい笑顔と声で挨拶をしているか		
	相手を見て挨拶をしているか		
	相手より先に挨拶をしているか		
	お辞儀を伴った挨拶をしているか		
	直接の応対者でなくても挨拶をしているか		
表情	笑顔で応対しているか		
	表情に私的感情がでていないか		
	話しかけやすい表情をしているか		
	相手の話は真剣な顔で聞いているか		
身だしなみ	前髪は目にかかっていないか		
	髪型は乱れていないか／長い髪はまとめているか		
	髭の剃り残しはないか／化粧は健康的か		
	服は汚れていないか／清潔に手入れされているか		
	機能的で職業・立場に相応しい服装をしているか		
	華美なアクセサリーはつけていないか		
	爪は伸びていないか		
	靴下の色は適当か／ストッキングの色は自然な肌色か		
	靴の手入れは行き届いているか		
	ポケットに物を詰めすぎていないか		

	項　目	評　価	メ　モ
言葉遣い	専門用語を使わず，相手にわかる言葉で話しているか		
	状況や相手に相応しい敬語を正しく使っているか		
	相手の聞き取りやすい音量・速度で話しているか		
	語尾まで丁寧に話しているか		
	気になる言葉癖はないか		
動作	物の授受は両手で丁寧に実施しているか		
	案内・指し示し動作は適切か		
	キビキビとした動作を心がけているか		
心構え	勤務時間・指定時間の5分前には準備が完了しているか		
	心身ともに健康管理をしているか		
	仕事とプライベートの切替えができているか		

☑ 常に自己点検をするクセをつけよう

「人を表情やしぐさ，身だしなみなどの見かけで判断してはいけない」と一般にいわれている。確かに，人の個性は見かけだけではなく，内面においても見いだされるもの。しかし，私たちは人を第一印象である程度決めてしまう傾向がある。それが面接試験など初対面の場合であればなおさらだ。したがって，チェックリストにあるような挨拶，表情，身だしなみ等に注意して面接試験に臨むことはとても重要だ。ただ，これらは面接試験前にちょっと対策したからといって身につくようなものではない。付け焼き刃的な対策をして面接試験に臨んでも，面接官はあっという間に見抜いてしまう。日頃からチェックリストにあるような項目を意識しながら行動することが大事であり，そうすることで，最初はぎこちない挨拶や表情等も，その人の個性に応じたすばらしい所作へ変わっていくことができるのだ。さっそく，本日から実行してみよう。

面接試験において，印象を決定づける表情はとても大事。
どのようにすれば感じのいい表情ができるのか，ポイントを確認していこう。

明るく,温和で
柔らかな表情をつくろう

人間関係の潤滑油

表情に関しては，まずは豊かである
ということがベースになってくる。う
れしい表情，困った表情，驚いた表
情など，さまざまな気持ちを表現で
きるということが，人間関係を潤いの
あるものにしていく。

Point

　表情はコミュニケーションの大前提。相手に「いつでも話しかけてくださ
いね」という無言の言葉を発しているのが，就活に求められる表情だ。面接
官が安心してコミュニケーションをとろうと思ってくれる表情。それが，明
るく，温和で柔らかな表情となる。

いますぐデキる
カンタンTraining

Training 01

喜怒哀楽を表してみよう

- 人との出会いを楽しいと思うことが表情の基本
- 表情を豊かにする大前提は相手の気持ちに寄り添うこと
- 目元・口元だけでなく，眉の動きを意識することが大事

Training 02

表情筋のストレッチをしよう

- 表情筋は「ウイスキー」の発音によって鍛える
- 意識して毎日，取り組んでみよう
- 笑顔の共有によって相手との距離が縮まっていく

コミュニケーションは挨拶から始まり，その挨拶ひとつで印象は変わるもの。
ポイントを確認していこう。

丁寧にしっかりと
はっきり挨拶をしよう

人間関係の第一歩

挨拶は心を開いて，相手に近づくコ
ミュニケーションの第一歩。たかが
挨拶，されど挨拶の重要性をわきま
えて，きちんとした挨拶をしよう。形，
つまり“技”も大事だが，心をこめ
ることが最も重要だ。

Point

　挨拶はコミュニケーションの第一歩。相手が挨拶するのを待っているの
は望ましくない。挨拶の際のポイントは丁寧であることと，はっきり声に出
すことの2つ。丁寧な挨拶は，相手を大事にして迎えている気持ちの表れ
となる。はっきり声に出すことで，これもきちんと相手を迎えていることが
伝わる。また，相手もその応答として挨拶してくれることで，会ってすぐに
双方向のコミュニケーションが成立する。

いますぐデキる
カンタンTraining

Training 01

3つのお辞儀をマスターしよう

① 会釈（15度） ② 敬礼（30度） ③ 最敬礼（45度）

・息を吸うことを意識してお辞儀をするとキレイな姿勢に
・目線は真下ではなく，床前方1.5m先ぐらいを見よう
・相手への敬意を忘れずに

Training 02

対面時は言葉が先，お辞儀が後

・相手に体を向けて先に自ら挨拶をする
・挨拶時，相手とアイコンタクトを
　しっかり取ろう
・挨拶の後に，お辞儀をする。
　これを「語先後礼」という

コミュニケーションは「話す」よりも「聞く」ことといわれる。相手が話しやすい聞き方の，ポイントを確認しよう。

受容の立場で
傾聴しよう

相手の話を受けとめる

話を聞くときは，やや前に傾く姿勢をとる。表情と姿勢が合わさることにより，話し手の心が開き「あれも，これも話そう」という気持ちになっていく。また，「はい」と一度のお辞儀で頷くと相手の話を受け止めているというメッセージにつながる。

Point

　話をすること，話を聞いてもらうことは誰にとってもプレッシャーを伴うもの。そのため，「何でも話して良いんですよ」「何でも話を聞きますよ」「心配しなくて良いんですよ」という気持ちで聞くことが大切になる。その気持ちが聞く姿勢に表れれば，相手は安心して話してくれる。

いますぐデキる
カンタンTraining

Training 01
頷きは一度で

- 相手が話した後に「はい」と
  一言発する
- 頷きすぎは逆効果

Training 02
目線は自然に

- 鼻の付け根あたりを見ると
  自然な印象に
- 目を見つめすぎるのはNG

Training 03
話の句読点で視線を移す

- 視線は話している人を見ることが基本
- 複数の人の話を聞くときは句読点を意識し，
  視線を振り分けることで聞く姿勢を表す

伝わる話し方

自分の意思を相手に明確に伝えるためには，話し方が重要となる。はっきりと的確に話すためのポイントを確認しよう。

明るい発声を
心がけよう

ボリュームを意識して

話すときのポイントとしては，ボリュームを意識することが挙げられる。会議室の一番奥にいる人に声が届くように意識することで，声のボリュームはコントロールされていく。

Point

コミュニケーションとは「伝達」すること。どのようなことも，適当に伝えるのではなく，伝えるべきことがきちんと相手に届くことが大切になる。そのためには，はっきりと，分かりやすく，丁寧に，心を込めて話すこと。言葉だけでなく，表情やジェスチャーを加えることも有効。

いますぐデキる
カンタンTraining

Training 01

腹式呼吸で発声練習

- ・「あえいうえおあお」と発声する
- ・腹式呼吸は，胸部をなるべく動かさずに，息を吸うときにお腹や腰が膨らむよう意識する呼吸法

Training 02

早口言葉にチャレンジ

おあやや
母親に
お謝り

- ・「おあやや，母親に，お謝り」と早口で
- ・口がすぼまった「お」と口が開いた「あ」の発音に，変化をつけられるかがポイント

Training 03

ジェスチャーを有効活用

- ・腰より上でジェスチャーをする
- ・体から離した位置に手をもっていく
- ・ジェスチャーをしたら戻すところをさだめておく

身だしなみはその人自身を表すもの。身だしなみの基本について，ポイントを
確認しよう。

清潔感,さわやかさを
醸し出せるようにしよう

プロの企業人に
ふさわしい身だしなみを

信頼感，安心感をもたれる身だしな
みを考えよう。TPOに合わせた服装は，
すなわち"礼"を表している。そして，
身だしなみには，「清潔感」,「品のよさ」,
「控え目である」という，3つのポイ
ントがある。

Point

相手との心理的な距離や物理的な距離が遠ければ，コミュニケーションは
成立しにくくなる。見た目が不潔では誰も近付いてこない。身だしなみが
清潔であること，爽やかであることは相手との距離を縮めることにも繋がる。

いますぐデキる
カンタンTraining

Training 01

髪型，服装を整えよう

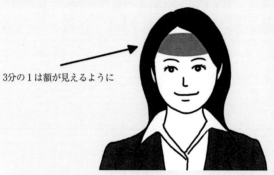

3分の1は額が見えるように

- 男性も女性も眉が見える髪型が望ましい。3分の1は額が見えるように。額は知性と清潔感を伝える場所。男性の髪の長さは耳や襟にかからないように
- スーツで相手の前に立つときは，ボタンはすべて留める。男性の場合は下のボタンは外す

Training 02

おしゃれとの違いを明確に

- 爪はできるだけ切りそろえる
- 爪の中の汚れにも注意
- ジェルネイル，ネイルアートはNG

Training 03

足元にも気を配って

- 女性の場合はパンプス，男性の場合は黒の紐靴が望ましい
- 靴はこまめに汚れを落とし見栄えよく

姿勢にはその人の意欲が反映される。前向き，活動的な姿勢を表すにはどうしたらよいか，ポイントを確認しよう。

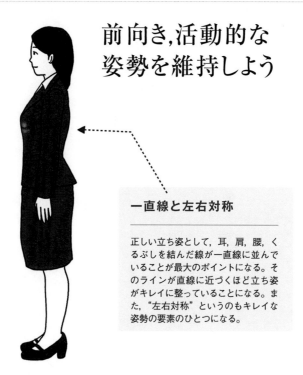

前向き,活動的な 姿勢を維持しよう

一直線と左右対称

正しい立ち姿として，耳，肩，腰，くるぶしを結んだ線が一直線に並んでいることが最大のポイントになる。そのラインが直線に近づくほど立ち姿がキレイに整っていることになる。また，"左右対称" というのもキレイな姿勢の要素のひとつになる。

Point

　姿勢は，身体と心の状態を反映するもの。そのため，良い姿勢でいることは，印象が清々しいだけでなく，健康で元気そうに見え，話しかけやすさにも繋がる。歩く姿勢，立つ姿勢，座る姿勢など，どの場面にも心身の健康状態が表れるもの。日頃から心身の健康状態に気を配り，フィジカルとメンタル両面の自己管理を心がけよう。

カンタンTraining

Training 01

キレイな歩き方を心がけよう

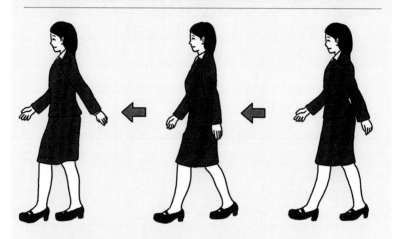

- ・女性は1本の線上を，男性はそれよりも太い線上を沿うように歩く
- ・一歩踏み出したときに前の足に体重を乗せるように，腰から動く
- ・12時の方向につま先をもっていく

Training 02

前向きな気持ちを持とう

- ・常に前向きな気持ちが姿勢を正す
- ・ポジティブ思考を心がけよう

言葉遣いの正しさはとは，場面にあった言葉を遣うということ。相手を気づか
いながら，言葉を選ぶことで，より正しい言葉に近づいていく。

相手と場面に合わせた
ふさわしい言葉遣いを

次の文は接客の場面でよくある間違えやすい敬語です。
それぞれの言い方は○×どちらでしょうか。

問1 「資料をご拝読いただきありがとうございます」

問2 「こちらのパンフレットはもういただかれましたか？」

問3 「恐れ入りますが，こちらの用紙にご記入してください」

問4 「申し訳ございませんが，来週，休ませていただきます」

問5 「先ほどの件，帰りましたら上司にご報告いたしますので」

Point

　ビジネスのシーンに敬語は欠くことができない。何度もやり取りをしてい
く中で，親しさの度合いによっては，あえてくだけた表現を用いることもあ
るが，「親しき仲にも礼儀あり」と言われるように，敬意や心づかいをおろ
そかにしてはいけないもの。相手に誤解されたり，相手の気分を壊すこと
のないように，相手や場面にふさわしい言葉遣いが大切になる。

解答と解説

問1 （×） ○正しい言い換え例

→「ご覧いただきありがとうございます」など

「拝読」は自分が「読む」意味の謙譲語なので，相手の行為に使うのは誤り。読むと見るは同義なため，多く，見るの尊敬語「ご覧になる」が用いられる。

問2 （×） ○正しい言い換え例

→「お持ちですか」「お渡ししましたでしょうか」 など

「いただく」は，食べる・飲む・もらうの謙譲語。「もらったかどうか」と聞きたいのだから，「おもらいになりましたか」と言えないこともないが，持っているかどうか，受け取ったかどうかという意味で「お持ちですか」などが使われることが多い。また，自分側が渡すような場合は，「お渡しする」を使って「お渡ししましたでしょうか」などの言い方に換えることもできる。

問3 （×） ○正しい言い換え例

→「恐れ入りますが，こちらの用紙にご記入ください」など

「ご記入する」の「お（ご）～する」は謙譲語の形。相手の行為を謙譲語で表すことになるため誤り。「して」を取り除いて「ご記入ください」か，和語に言い換えて「お書きください」とする。ほかにも「お書き／ご記入・いただけますでしょうか・願います」などの表現もある。

問4 （△）

有給休暇を取る場合や，弔事等で休むような場面で，用いられることも多い。「休ませていただく」ということで一見丁寧に響くが，「来週休むと自分で休みを決めている」という勝手な表現にも受け取られかねない言葉だ。ここは同じ「させていただく」を用いても，相手の都合をうかがう言い方に換えて「○○がございまして，申し訳ございませんが，休みをいただいてもよろしいでしょうか」などの言い換えが好ましい。

問5 （×）○正しい言い換え例

→「上司に報告いたします」

「ご報告いたします」は，ソトの人との会話で使うとするならば誤り。「ご報告いたします」の「お・ご～いたす」は，「お・ご～する」と「～いたす」という２つの敬語を含む言葉。そのうちの「お・ご～する」は，主語である自分を低めて相手＝上司を高める働きをもつ表現（謙譲語Ⅰ）。一方「～いたす」は，主語の私を低めて，話の聞き手に対して丁重に述べる働きをもつ表現（謙譲語Ⅱ 丁重語）。「お・ご～する」も「～いたす」も同じ謙譲語であるため紛らわしいが，主語を低める（謙譲）という働きは同じでも，行為の相手を高める働きがあるかないかという点に違いがあるといえる。

敬語は正しく使用することで，相手の印象を大きく変えることができる。尊敬語，謙譲語の区別をはっきりつけて，誤った用法で話すことのないように気をつけよう。

言葉の使い方が
マナーを表す!

■よく使われる尊敬語の形　「言う・話す・説明する」の例

専用の尊敬語型	おっしゃる
〜れる・〜られる型	言われる・話される・説明される
お（ご）〜になる型	お話しになる・ご説明になる
お（ご）〜なさる型	お話しなさる・ご説明なさる

■よく使われる謙譲語の形　「言う・話す・説明する」の例

専用の謙譲語型	申す・申し上げる
お（ご）〜する型	お話しする・ご説明する
お（ご）〜いたす型	お話しいたします・ご説明いたします

Point

　同じ尊敬語・謙譲語でも，よく使われる代表的な形がある。ここではその一例をあげてみた。敬語の使い方に迷ったときなどは，まずはこの形を思い出すことで，大抵の語はこの型にはめ込むことができる。同じ言葉を用いたほうがよりわかりやすいといえるので，同義に使われる「言う・話す・説明する」を例に考えてみよう。

　ほかにも「お話しくださる」や「お話しいただく」「お元気でいらっしゃる」などの形もあるが，まずは表の中の形を見直そう。

■よく使う動詞の尊敬語・謙譲語

なお，尊敬語の中の「言われる」などの「れる・られる」を付けた形は省力している。

基本	尊敬語（相手側）	謙譲語（自分側）
会う	お会いになる	お目にかかる・お会いする
言う	おっしゃる	申し上げる・申す
行く・来る	いらっしゃる おいでになる お見えになる お越しになる お出かけになる	伺う・参る お伺いする・参上する
いる	いらっしゃる・おいでになる	おる
思う	お思いになる	存じる
借りる	お借りになる	拝借する・お借りする
聞く	お聞きになる	拝聴する 拝聞する お伺いする・伺う お聞きする
知る	ご存じ（知っているという意で）	存じ上げる・存じる
する	なさる	いたす
食べる・飲む	召し上がる・お召し上がりになる お飲みになる	いただく・頂戴する
見る	ご覧になる	拝見する
読む	お読みになる	拝読する

「お伺いする」「お召し上がりになる」などは，「伺う」「召し上がる」自体が敬語なので
「二重敬語」ですが，慣習として定着しており間違いではないもの。

―Point―

　上記の「敬語表」は，よく使うと思われる動詞をそれぞれ尊敬語・謙譲語で表したもの。このように大体の言葉は型にあてはめることができる。言葉の中には「お（ご）」が付かないものもあるが，その場合でも「〜なさる」を使って，「スピーチなさる」や「運営なさる」などと言うことができる。また，表では，「言う」の尊敬語「言われる」の例は省いているが，れる・られる型の「言われる」よりも「おっしゃる」「お話しになる」「お話しなさる」などの言い方のほうが，より敬意も高く，言葉としても何となく響きが落ち着くといった印象を受けるものとなる。

会話は相手があってのこと。いかなる場合でも，相手に対する心くばりを忘れないことが，会話をスムーズに進めるためのコツになる。

心くばりを添えるひと言で
言葉の印象が変わる!

　相手に何かを頼んだり，また相手の依頼を断ったり，相手の抗議に対して反論したりする場面では，いきなり自分の意見や用件を切り出すのではなく，場面に合わせて心くばりを伝えるひと言を添えてから本題に移ると，響きがやわらかくなり，こちらの意向も伝えやすくなる。俗にこれは「クッション言葉」と呼ばれている。(右表参照)

Point

　ビジネスの場面で，相手と話したり手紙やメールを送る際には，何か依頼事があってという場合が多いもの。その場合に「ちょっとお願いなんですが…」では，ふだんの会話と変わりがないものになってしまう。そこを「突然のお願いで恐れ入りますが」「急にご無理を申しまして」「こちらの勝手で恐縮に存じますが」「折り入ってお願いしたいことがございまして」などの一言を添えることで，直接的なきつい感じが和らぐだけでなく，「申し訳ないのだけれど，もしもそうしていただくことができればありがたい」という，相手への配慮や願いの気持ちがより強まる。このような前置きの言葉もうまく用いて，言葉に心くばりを添えよう。

相手の意向を尋ねる場合	「よろしければ」「お差し支えなければ」 「ご都合がよろしければ」「もしお時間がありましたら」 「もしお嫌いでなければ」「ご興味がおありでしたら」
相手に面倒を かけてしまうような場合	「お手数をおかけしますが」 「ご面倒をおかけしますが」 「お手を煩わせまして恐縮ですが」 「お忙しい時に申し訳ございませんが」 「お時間を割いていただき申し訳ありませんが」 「貴重なお時間を頂戴し恐縮ですが」
自分の都合を 述べるような場合	「こちらの勝手で恐縮ですが」 「こちらの都合（ばかり）で申し訳ないのですが」 「私どもの都合ばかりを申しまして，まことに申し訳なく存じますが」 「ご無理を申し上げまして恐縮ですが」
急な話をもちかけた場合	「突然のお願いで恐れ入りますが」 「急にご無理を申しまして」 「もっと早くにご相談申し上げるべきところでございましたが」 「差し迫ってのことでまことに申し訳ございませんが」
何度もお願いする場合	「たびたびお手数をおかけしまして恐縮に存じますが」 「重ね重ね恐縮に存じますが」 「何度もお手を煩わせまして申し訳ございませんが」 「ご面倒をおかけしてばかりで，まことに申し訳ございませんが」
難しいお願いをする場合	「ご無理を承知でお願いしたいのですが」 「たいへん申し上げにくいのですが」 「折り入ってお願いしたいことがございまして」
あまり親しくない相手に お願いする場合	「ぶしつけなお願いで恐縮ですが」 「ぶしつけながら」 「まことに厚かましいお願いでございますが」
相手の提案・誘いを断る場合	「申し訳ございませんが」 「（まことに）残念ながら」 「せっかくのご依頼ではございますが」 「たいへん恐縮ですが」 「身に余るお言葉ですが」 「まことに失礼とは存じますが」 「たいへん心苦しいのですが」 「お引き受けしたいのはやまやまですが」
問い合わせの場合	「つかぬことをうかがいますが」 「突然のお尋ねで恐縮ですが」

ここでは文章の書き方における，一般的な敬称について言及している。はがき，手紙，メール等，通信手段はさまざま。それぞれの特性をふまえて有効活用しよう。

相手の気持ちになって
見やすく美しく書こう

■敬称のいろいろ

敬称	使う場面	例
様	職名・役職のない個人	（例）飯田知子様／ご担当者様／経理部長　佐藤一夫様
殿	職名・組織名・役職のある個人（公用文など）	（例）人事部長殿／教育委員会殿／田中四郎殿
先生	職名・役職のない個人	（例）松井裕子先生
御中	企業・団体・官公庁などの組織	（例）○○株式会社御中
各位	複数あてに同一文書を出すとき	（例）お客様各位／会員各位

Point

　封筒・はがきの表書き・裏書きは縦書きが基本だが，洋封筒で親しい人にあてる場合は，横書きでも問題ない。いずれにせよ，定まった位置に，丁寧な文字でバランス良く，正確に記すことが大切。特に相手の住所や名前を乱雑な文字で書くのは，配達の際の間違いを引き起こすだけでなく，受け取る側に不快な思いをさせる。相手の気持ちになって，見やすく美しく書くよう心がけよう。

■各通信手段の長所と短所

	長所	短所	用途
封書	・封を開けなければ本人以外の目に触れることがない。 ・丁寧な印象を受ける。	・多量の資料・画像送付には不向き。 ・相手に届くまで時間がかかる。	・儀礼的な文書（礼状・わび状など） ・目上の人あての文書 ・重要な書類 ・他人に内容を読まれたくない文書
はがき・カード	・封書よりも気軽にやり取りできる。 ・年賀状や季節の便り，旅先からの連絡など絵はがきとしても楽しむことができる。	・封に入っていないため，第三者の目に触れることがある。 ・中身が見えるので，改まった礼状やわび状，こみ入った内容には不向き。 ・相手に届くまで時間がかかる。	・通知状　　　・案内状 ・送り状　　　・旅先からの便り ・各種お祝い　・お礼 ・季節の挨拶
ＦＡＸ	・手書きの図やイラストを文章といっしょに送れる。 ・すぐに届く。 ・控えが手元に残る。	・多量の資料の送付には不向き。 ・事務的な用途で使われることが多く，改まった内容の文書，初対面の人へは不向き。	・地図，イラストの入った文書 ・印刷物（本・雑誌など）
電話	・急ぎの連絡に便利。 ・相手の反応をすぐに確認できる。 ・直接声が聞けるので，安心感がある。	・連絡できる時間帯が制限される。 ・長々としたこみ入った内容は伝えづらい。	・緊急の用件 ・確実に用件を伝えたいとき
メール	・瞬時に届く。　・控えが残る。 ・コストが安い。 ・大容量の資料や画像をデータで送ることができる。 ・一度に大勢の人に送ることができる。 ・相手の居場所や状況を気にせず送れる。	・事務的な印象を与えるので，改まった礼状やわび状には不向き。 ・パソコンや携帯電話を持っていない人には送れない。 ・ウィルスなどへの対応が必要。	・データで送りたいとき ・ビジネス上の連絡

─Point─

　はがきは手軽で便利だが，おわびやお願い，格式を重んじる手紙には不向きとなる。この種の手紙は内容もこみ入ったものとなり，加えて丁寧な文章で書かなければならないので，数行で済むことはまず考えられない。また，封筒に入っていないため，他人の目に触れるという難点もある。このように，はがきにも長所と短所があるため，使う場面や相手によって，他の通信手段と使い分けることが必要となる。

　はがき以外にも，封書・電話・ＦＡＸ・メールなど，現代ではさまざまな通信手段がある。上に示したように，それぞれ長所と短所があるので，特徴を知って用途によって上手に使い分けよう。

社会人のマナーとして，電話応対のスキルは必要不可欠。まずは失礼なく電話に出ることからはじめよう。積極性が重要だ。

相手の顔が見えない分
対応には細心の注意を

■電話をかける場合

①　○○先生に電話をする

×「私，□□社の××と言いますが，○○様はおられますでしょうか？」

○「××と申しますが，○○様はいらっしゃいますか？」

「おられますか」は「おる」を謙譲語として使うため，通常は相手がいるかどうかに関しては，「いらっしゃる」を使うのが一般的。

②　相手の状況を確かめる

×「こんにちは，××です，先日のですね…」

○「××です，先日は有り難うございました，今お時間よろしいでしょうか？」

相手が忙しくないかどうか，状況を聞いてから話を始めるのがマナー。また，やむを得ず夜間や早朝，休日などに電話をかける際は，「夜分（朝早く）に申し訳ございません」「お休みのところ恐れ入ります」などのお詫びの言葉もひと言添えて話す。

③　相手が不在，何時ごろ戻るかを聞く場合

×「戻りは何時ごろですか？」

○「何時ごろお戻りになりますでしょうか？」

「戻り」はそのままの言い方，相手にはきちんと尊敬語を使う。

④　また自分からかけることを伝える

×「そうですか，ではまたかけますので」

○「それではまた後ほど（改めて）お電話させていただきます」

戻る時間がわかる場合は，「またお戻りになりましたころにでも」「また午後にでも」などの表現もできる。

■電話を受ける場合

① 電話を取ったら

× 「はい，もしもし，○○（社名）ですが」

○ **「はい，○○（社名）でございます」**

② 相手の名前を聞いて

× 「どうも，どうも」

○ **「いつもお世話になっております」**

　あいさつ言葉として定着している決まり文句ではあるが，日頃のお付き合いがあってこそ。あいさつ言葉もきちんと述べよう。「お世話様」という言葉も時折耳にするが，敬意が軽い言い方となる。適切な言葉を使い分けよう。

③ 相手が名乗らない

× 「どなたですか？」「どちらさまですか？」

○ **「失礼ですが，お名前をうかがってもよろしいでしょうか？」**

　名乗るのが基本だが，尋ねる態度も失礼にならないように適切な応対を心がけよう。

④ 電話番号や住所を教えてほしいと言われた場合

× 「はい，いいでしょうか？」　　× 「メモのご用意は？」

○ **「はい，申し上げます，よろしいでしょうか？」**

　「メモのご用意は？」は，一見親切なようにも聞こえるが，尋ねる相手も用意していることがほとんど。押し付けがましくならない程度に。

⑤ 上司への取次を頼まれた場合

× 「はい，今代わります」　　× 「○○部長ですね，お待ちください」

○ **「部長の○○でございますね，ただいま代わりますので，少々お待ちくださいませ」**

　○○部長という表現は，相手側の言い方となる。自分側を述べる場合は，「部長の○○」「○○」が適切。

Point

　自分から電話をかける場合は，まずは自分の会社名や氏名を名乗るのがマナー。たとえ目的の相手が直接出た場合でも，電話では相手の様子が見えないことがほとんど。自分の勝手な判断で話し始めるのではなく，相手の都合を伺い，そのうえで話を始めるのが社会人として必要な気配りとなる。

デキるオトナをアピール
時候の挨拶

月	漢語調の表現 候，みぎりなどを付けて用いられます	口語調の表現
1月 (睦月)	初春・新春 頌春・ 小寒・大寒・厳寒	皆様におかれましては，よき初春をお迎えのことと存じます／厳しい寒さが続いております／珍しく暖かな寒の入りとなりました／大寒という言葉通りの厳しい寒さでございます
2月 (如月)	春寒・余寒・残寒・ 立春・梅花・向春	立春とは名ばかりの寒さ厳しい毎日でございます／梅の花もちらほらとふくらみ始め，春の訪れを感じる今日この頃です／春の訪れが待ち遠しいこのごろでございます
3月 (弥生)	早春・浅春・春寒・ 春分・春暖	寒さもようやくゆるみ，日ましに春めいてまいりました／ひと雨ごとに春めいてまいりました／日増しに暖かさが加わってまいりました
4月 (卯月)	春暖・陽春・桜花・ 桜花爛漫	桜花爛漫の季節を迎えました／春光うららかな好季節となりました／花冷えとでも申しましょうか，何だか肌寒い日が続いております
5月 (皐月)	新緑・薫風・惜春・ 晩春・立夏・若葉	風薫るさわやかな季節を迎えました／木々の緑が目にまぶしいようでございます／目に青葉，山ほととぎす，初鰹の句も思い出される季節となりました
6月 (水無月)	梅雨・向暑・初夏・ 薄暑・麦秋	初夏の風もさわやかな毎日でございます／梅雨前線が近づいてまいりました／梅雨の晴れ間にのぞく青空は，まさに夏を思わせるようです
7月 (文月)	盛夏・大暑・炎暑・ 酷暑・猛暑	梅雨が明けたとたん，うだるような暑さが続いております／長い梅雨も明け，いよいよ本格的な夏がやってまいりました／風鈴の音がわずかに涼を運んでくれているようです
8月 (葉月)	残暑・晩夏・処暑・ 秋暑	立秋とはほんとうに名ばかりの厳しい暑さの毎日です／残暑たえがたい毎日でございます／朝夕はいくらかしのぎやすくなってまいりました
9月 (長月)	初秋・新秋・爽秋・ 新涼・清涼	九月に入りましてもなお，日差しの強い毎日です／暑さもやっとおとろえはじめたようでございます／残暑も去り，ずいぶんとしのぎやすくなってまいりました
10月 (神無月)	清秋・錦秋・秋涼・ 秋冷・寒露	秋風もさわやかな過ごしやすい季節となりました／街路樹の葉も日ごとに色を増しております／紅葉の便りの開かれるころとなりました／秋深く，日増しに冷気が加わってまいりました
11月 (霜月)	晩秋・暮秋・霜降・ 初霜・向寒	立冬を迎え，まさに冬到来を感じる寒さです／木枯らしの季節になりました／日ごとに冷気が増すようでございます／朝夕はひときわ冷え込むようになりました
12月 (師走)	寒冷・初冬・師走・ 歳晩	師走を迎え，何かと慌ただしい日々をお過ごしのことと存じます／年の瀬も押しつまり，何かとお忙しくお過ごしのことと存じます／今年も残すところわずかとなりました，お忙しい毎日とお察しいたします

いますぐデキる
シチュエーション別会話例

シチュエーション1　取引先との会話

「非常に素晴らしいお話で感心しました」→NG！

　「感心する」は相手の立派な行為や，優れた技量などに心を動かされるという意味。意味としては間違いではないが，目上の人に用いると，偉そうに聞こえかねない表現。「感動しました」などに言い換えるほうが好ましい。

シチュエーション2　子どもとの会話

「お母さんは，明日はいますか？」→NG！

　たとえ子どもとの会話でも，子どもの年齢によっては，ある程度の敬語を使うほうが好ましい。「明日はいらっしゃいますか」では，むずかしすぎると感じるならば，「お出かけですか」などと表現することもできる。

シチュエーション3　同僚との会話

「今，お暇ですか」→NG？

　同じ立場同士なので，暇に「お」が付いた形で「お暇」ぐらいでも構わないともいえるが，「暇」というのは，するべきことも何もない時間という意味。そのため「お暇ですか」では，あまりにも直接的になってしまう。その意味では「手が空いている」→「空いていらっしゃる」→「お手透き」などに言い換えることで，やわらかく敬意も含んだ表現になる。

シチュエーション4　上司との会話

「なるほどですね」→NG！

　「なるほど」とは，相手の言葉を受けて，自分も同意見であることを表すため，相手の言葉・意見を自分が評価するというニュアンスも含まれている。そのため自分が評価して述べているという偉そうな表現にもなりかねない。同じ同意ならば，頷き「おっしゃる通りです」などの言葉のほうが誤解なく伝わる。

就活スケジュールシート

■年間スケジュールシート

1月	2月	3月	4月	5月	6月
企業関連スケジュール					
自己の行動計画					

就職活動をすすめるうえで，当然重要になってくるのは，自己のスケジュール管理だ。企業の選考スケジュールを把握することも大切だが，自分のペースで進めることになる自己分析や業界・企業研究，面接試験のトレーニング等の計画を立てることも忘れてはいけない。スケジュールシートに「記入」する作業を通して，短期・長期の両方の面から就職試験を考えるきっかけにしよう。

7月	8月	9月	10月	11月	12月
企業関連スケジュール					
自己の行動計画					

● 情報提供のお願い ●

　就職活動研究会では，就職活動に関する情報を募集しています。

　エントリーシートやグループディスカッション，面接，筆記試験の内容等について情報をお寄せください。ご応募はメールアドレス（edit@kyodo-s.jp）へお願いいたします。お送りくださいました方々には薄謝をさしあげます。

　ご協力よろしくお願いいたします。

会社別就活ハンドブックシリーズ

京セラの
就活ハンドブック

編　著	就職活動研究会
発　行	令和6年2月25日
発行者	小貫輝雄
発行所	協同出版株式会社

〒101-0054
東京都千代田区神田錦町2-5
電話　03-3295-1341
振替　東京00190-4-94061

印刷所　協同出版・POD工場

落丁・乱丁はお取り替えいたします

●2025年度版●
会社別就活ハンドブックシリーズ
【全111点】

運 輸

東日本旅客鉄道の就活ハンドブック

東海旅客鉄道の就活ハンドブック

西日本旅客鉄道の就活ハンドブック

東京地下鉄の就活ハンドブック

小田急電鉄の就活ハンドブック

阪急阪神 HD の就活ハンドブック

商船三井の就活ハンドブック

日本郵船の就活ハンドブック

機 械

三菱重工業の就活ハンドブック

川崎重工業の就活ハンドブック

IHI の就活ハンドブック

島津製作所の就活ハンドブック

浜松ホトニクスの就活ハンドブック

村田製作所の就活ハンドブック

クボタの就活ハンドブック

金 融

三菱 UFJ 銀行の就活ハンドブック

三菱 UFJ 信託銀行の就活ハンドブック

みずほ FG の就活ハンドブック

三井住友銀行の就活ハンドブック

三井住友信託銀行の就活ハンドブック

野村證券の就活ハンドブック

りそなグループの就活ハンドブック

ふくおか FG の就活ハンドブック

日本政策投資銀行の就活ハンドブック

建設・不動産

三菱地所の就活ハンドブック

三井不動産の就活ハンドブック

積水ハウスの就活ハンドブック

大和ハウス工業の就活ハンドブック

鹿島建設の就活ハンドブック

大成建設の就活ハンドブック

清水建設の就活ハンドブック

資源・素材

旭旭化成グループの就活ハンドブック

東レの就活ハンドブック

ワコールの就活ハンドブック

関西電力の就活ハンドブック

日本製鉄の就活ハンドブック

中部電力の就活ハンドブック

九州電力の就活ハンドブック

自動車

トヨタ自動車の就活ハンドブック

デンソーの就活ハンドブック

本田技研工業の就活ハンドブック

日産自動車の就活ハンドブック

商　社

三菱商事の就活ハンドブック

伊藤忠商事の就活ハンドブック

住友商事の就活ハンドブック

双日の就活ハンドブック

丸紅の就活ハンドブック

豊田通商の就活ハンドブック

三井物産の就活ハンドブック

情報通信・IT

NTT データの就活ハンドブック

サイバーエージェントの就活ハンドブック

NTT ドコモの就活ハンドブック

LINE ヤフーの就活ハンドブック

野村総合研究所の就活ハンドブック

SCSK の就活ハンドブック

日本電信電話の就活ハンドブック

富士ソフトの就活ハンドブック

KDDI の就活ハンドブック

日本オラクルの就活ハンドブック

ソフトバンクの就活ハンドブック

GMO インターネットグループ

楽天の就活ハンドブック

オービックの就活ハンドブック

mixi の就活ハンドブック

DTS の就活ハンドブック

グリーの就活ハンドブック

TIS の就活ハンドブック

食品・飲料

サントリー HD の就活ハンドブック

日本たばこ産業 の就活ハンドブック

味の素の就活ハンドブック

日清食品グループの就活ハンドブック

キリン HD の就活ハンドブック

山崎製パンの就活ハンドブック

アサヒグループ HD の就活ハンドブック

キユーピーの就活ハンドブック

生活用品

資生堂の就活ハンドブック

武田薬品工業の就活ハンドブック

花王の就活ハンドブック

電気機器

三菱電機の就活ハンドブック

ダイキン工業の就活ハンドブック

ソニーの就活ハンドブック

日立製作所の就活ハンドブック

ＮＥＣの就活ハンドブック

富士フイルム HD の就活ハンドブック

パナソニックの就活ハンドブック

富士通の就活ハンドブック

キヤノンの就活ハンドブック

京セラの就活ハンドブック

オムロンの就活ハンドブック

キーエンスの就活ハンドブック

保　　険

東京海上日動火災保険の就活ハンドブック

第一生命ホールディングスの就活ハンドブック

三井住友海上火災保険の就活ハンドブック

損保ジャパンの就活ハンドブック

メディア

日本印刷の就活ハンドブック

博報堂 DY の就活ハンドブック

TOPPAN ホールディングスの就活ハンドブック

エイベックスの就活ハンドブック

東宝の就活ハンドブック

流通・小売

ニトリ HD の就活ハンドブック

イオンの就活ハンドブック

ZOZO の就活ハンドブック

エンタメ・レジャー

オリエンタルランドの就活ハンドブック

アシックスの就活ハンドブック

バンダイナムコ HD の就活ハンドブック

コナミグループの就活ハンドブック

スクウェア・エニックス HD の就活ハンドブック

任天堂の就活ハンドブック

カプコンの就活ハンドブック

セガサミー HD の就活ハンドブック

タカラトミーの就活ハンドブック

▼会社別就活ハンドブックシリーズにつきましては，協同出版のホームページからもご注文ができます。詳細は下記のサイトでご確認下さい。

https://kyodo-s.jp/examination_company